101 अनुभव सूत्र

कलयुग में बेहतर जीवन जीने के लिए।

डॉ कपूर चौधरी

BlueRose ONE.com
Stories Matter
NewDelhi • London

BLUEROSE PUBLISHERS
India | U.K.

Copyright © Dr.Kapoor Choudhary 2025

All rights reserved by author. No part of this publication may be reproduced, stored in a retrieval system or transmitted in any form or by any means, electronic, mechanical, photocopying, recording or otherwise, without the prior permission of the author. Although every precaution has been taken to verify the accuracy of the information contained herein, the publisher assumes no responsibility for any errors or omissions. No liability is assumed for damages that may result from the use of information contained within.

BlueRose Publishers takes no responsibility for any damages, losses, or liabilities that may arise from the use or misuse of the information, products, or services provided in this publication.

For permissions requests or inquiries regarding this publication, please contact:

BLUEROSE PUBLISHERS
www.BlueRoseONE.com
info@bluerosepublishers.com
+91 8882 898 898
+4407342408967

ISBN: 978-93-6783-694-1

Cover design: Yash Singhal
Typesetting: Namrata Saini

First Edition: April 2025

अपनी बात

उम्र के इस स्वर्णिम पड़ाव तक आते-आते मैंने जिंदगी में बहुत कुछ सीखा और अनुभव किया। हमें जो ज़िन्दगी सिखाती है, वो और कोई स्कूल नहीं सीखा सकती। मेरे "अनुभव" ही मेरे सर्वश्रेष्ठ गुरु हैं।

वास्तविकता यह है कि जो भी हम किताबों में पढ़ते हैं, आध्यात्मिक ग्रंथों से सीखते हैं, गुरुजनों से शिक्षा प्राप्त करते हैं, वे सभी सामाजिक और आर्थिक जीवन में इतना काम नहीं आते हैं, जितना हम समझते थे।

हम सबने जिंदगी के संघर्ष में बहुत उतार-चढ़ाव देखे हैं, हर दिन नए चुनौतियों का सामना किया है, लोगों की ईर्ष्या को झेला है, कई ताने सहे हैं, कई अपमान का घुट पिया है।

यही जीवन का वास्तविक सत्य है।

यह कलयुग है, जहाँ हम दुनिया द्वारा प्रदत्त "जहर" में विश्वास, प्यार और सच्चाई ढूँढने का असफल प्रयास करते हैं।

बड़े नादान, नासमझ हैं हम।

आधुनिक युग (कलयुग), प्रतियोगिता (कॉम्पिटिशन) की अंधी दौड़ का युग है, जहाँ सभी आगे बढ़ना चाहते हैं, दूसरे को हरा कर आगे बढ़ना चाहते हैं। किसी भी कीमत पर सब कुछ हासिल करना चाहते हैं, तरीका चाहे कोई भी अपनाना क्यों न पड़े। आगे बढ़ने के लिये सब कुछ दाँव पर लगाने को तैयार हैं।

जिंदगी एक अंधी दौड़ है और हम सभी भाग रहे हैं, बस भाग रहे हैं...।

मेरा एक विनम्र अनुरोध है कि जरा ठहरें और अपने आप से सवाल करें –

क्या हम ख़ुश हैं?

क्या हम संतुष्ट हैं?

क्या हम आत्मविभोर (मस्त) हैं?

क्या हमें अंदर से सुख-शांति की अनुभूति हो रही है?

इन सब सवालों का जबाब अगर हम गहराई से सोचें तो अधिकांश जवाब नकारात्मक ही होगा।

फिर हम ऐसी जिंदगी क्यों जी रहे हैं?

अपने आप से सवाल करें, आपको उत्तर अवश्य मिलेगा।

अगर आपको जिंदगी को सफल बनाना है, सुख-शांति से जीना है, तो

इस पुस्तक में जिंदगी जीने के सभी "१०१ अनुभव सूत्र" को पढ़ना होगा, उन्हें आपको गंभीरता से समझना होगा, जीवन में आदतों में बदलना होगा। अपने मन, विचारों और भावनाओं पर नियंत्रण करना होगा, दैनिक कार्यशैली में इन सूत्रों को उपयोग में लेना होगा।

तभी आप जिंदगी में ख़ुशी, शांति, संतोष और सफलता प्राप्त कर सकेंगे।

इस पुस्तक में वर्णित लगभग सभी सूत्रों का मैंने अपने जीवन में सफलतापूर्वक प्रयोग किया है। मेरा पूर्ण विश्वास है कि इस घोर कलयुग में सभी वर्गों (युवा से बुजर्ग) के लिए "१०१ अनुभव सूत्र", उद्देश्यपूर्ण, सफल जीवन जीने के लिए मील का पत्थर साबित होंगे।

मैं अपने आपको सौभाग्यशाली मानता हूँ कि मुझे "परमतत्व" प्राप्त संतों, ऋषियों: परम पूज्य श्री कन्हैया लालजी कल्ला, परम पूजनीय जैन मुनि श्री रूप मुनिजी 'रजत', परम पूज्य श्री परम आलय जी, परम आदरणीय श्री भीकम चंदजी प्रजापत (भाइजी) इत्यादि का सानिध्य और आशीर्वाद प्राप्त हुआ जिनसे मुझे जीवन का सत्य और तत्व ज्ञान प्राप्त हुआ।

मैं अत्यंत आभारी हूँ मेरे परिवार के सभी प्रियजनों का, विशेष रूप से मेरी जीवन साथी सरिता का, जिसने घर-गृहस्थी के भार से मुझे पूर्ण रूप से मुक्त कर, इस पुस्तक को लिखने में पूर्ण सहयोग किया।

प्रोफेशनल लाइफ में मैंने बेहतर ऊंचाइयां को छुआ है, उसमें विशेष योगदान मेरे स्कूल के अध्यापक, आदरणीय श्री आनंद स्वरूपजी टाक, श्री उमाशंकरजी व्यास और श्री मूल राजजी भंडारी का रहा है।

मेरे जीवन में एक विशाल व्यक्तित्व के धनी श्री सुरेश राठी जी, जिन्हें मैं "सुनहरे दिल वाला व्यक्ति" कहता हूँ, का महत्वपूर्ण स्थान है।

मैं उन लोगों को धन्यवाद देना चाहूंगा जिन्होंने मेरे जीवन में कई चुनौतियाँ और बाधाएं उत्पन्न की और मुझे साहसी और मानसिक रूप से मजबूत बनाया, जिससे आज मैं जीवन को बेहतर बनाने में सफल रहा।

इस पुस्तक की एडिटिंग में मेरे मित्र श्री जितेन्द्र परमार जालौरी, श्री सुनील माथुर का विशेष आभारी हूँ।

मैं ब्लू रोज़ पब्लिशर्स और उनकी टीम का आभारी हूँ जिन्होंने इस पुस्तक के प्रकाशन हेतु नए-नए आइडियाज देने में मुझे पूर्ण सहयोग दिया।

अन्त में मैं उन सभी शुभचिंतकों का भी आभार प्रकट करना चाहूंगा, जिनके प्रत्यक्ष-परोक्ष सहयोग ने मेरे इस साहित्यिक यज्ञ में समिधा का काम किया।

सुधिजनों और पाठकों की सकारात्मक टिप्पणियों सुझावों की मुझे प्रतीक्षा रहेगी। इति।

लेखक
डॉ. कपूर चौधरी

डॉ. सर्वपल्ली राधाकृष्णन् राजस्थान आयुर्वेद विश्वविद्यालय
Dr. Sarvepalli Radhakrishnan Rajasthan Ayurved University
जोधपुर / Jodhpur-342 037

प्रो. (वैद्य) प्रदीप कुमार प्रजापति
Prof. (Vd.) Pradeep Kumar Prajapati
कुलपति / Vice Chancellor

प्रस्तावना

भारतीय नव वर्ष की परंपरा को ध्यान में रखते हुए चैत्र नवरात्रि की आप सभी लोगों को शुभकामनाएं। हमको यह बताते हुए बड़ा ही हर्ष हो रहा है कि डॉक्टर कपूर चौधरी द्वारा लिखित पुस्तक एक अत्यंत ही महत्वपूर्ण विषय का बोध कराती है क्योंकि आजकल के व्यस्ततम व्यवसायिक जीवन शैली में धर्म अर्थ काम मोक्ष की परिकल्पना, जो हमारे पूर्वजों ने की थी, और उसके लिए जो उन्होंने संसाधन बताए थे, उनको तो लगभग हम सभी लोग भूल गए हैं। कुछ लोगों को छोड़ दिया जाए तो सभी लोग इस समय अपने-अपने कार्यों में इतना व्यस्त हो जाते हैं कि बगल वाला क्या कर रहा है, यह क्या कह रहा है या क्या महसूस कर रहा है, इसका ध्यान ही नहीं रहता है। इतना ही नहीं अपने परिवार में बहुत सारे ऐसे पल आते हैं जहां पर हमको एक-दूसरे की बातों को सुनकर उनका मनन चिंतन करके आपस में एक सौहार्द का अवसर प्रदान करता है जिसके कारण हमें मन की शांति एवं कार्य करने की पॉजिटिव एनर्जी मिलती है जिससे बहुत सारी समस्याएं अपने आप ही दूर हो जाती हैं परंतु वर्तमान समय में टेक्नोलॉजी के आ जाने से जितना फायदा मिला है, उतना ही नुकसान भी हो रहा है क्योंकि हमको आपस में बैठकर बात करके एक-दूसरे की समस्याओं को समझने का मौका ही नहीं मिलता है और मिलता है तो हम सभी लोग इस मानसिक तनाव से ग्रसित रहते हैं जिसके कारण सामाजिक एवं व्यक्तिगत समस्याओं का समाधान नहीं हो पाता है तथा गलत तरह के निर्णय एवं व्यवहार करते रहते हैं जिससे काम बनने के बजाय बिगड़ते रहते हैं और हम दूसरों को दोष देते रहते हैं। आज के परिपेक्ष्य में डॉ. चौधरी द्वारा दिए हुए 101 अनुभव बहुत ही महत्वपूर्ण हैं जिसमें नित्य प्रतिदिन किए जाने वाले कार्यकलापों का वर्णन बड़े ही मार्मिक एवं व्यवहारिक रूप से किया गया है। सामान्य रूप से पुस्तक हिंदी की लिस्ट भाषा में लिखी जाती है जिसको समझने में भी कष्ट होता

Office : Nagaur Road, Karwar, Jodhpur - 342 037 (Raj.)
Ph. off : 0291-2795301 | Fax : 0291-2795300 | Email : rau_jodhpur@yahoo.co.in, vc.dsrrau@gmail.com

प्रो. (वैद्य) प्रदीप कुमार प्रजापति
Prof. (Vd.) Pradeep Kumar Prajapati
कुलपति / Vice Chancellor

है परंतु इस पुस्तक के माध्यम से लेखक ने अपने अनुभव एवं समय अनुरूप उनका समाधान बहुत ही सामान्य रूप से बताया है। हमें लगता है कि इसका पूर्णता पालन किया जा सकता है और इन सिद्धांतों का ही नहीं बल्कि अनुभवों का भी हम सभी को मिलकर फायदा उठाना चाहिए तथा अपने आसपास के वातावरण को तथा स्वयं को खुश रखने का प्रयास करना चाहिए। भारतीय संस्कृत में बहुत सारी बातें हमारे ग्रंथो में प्रायोगिक रूप में एवं सैद्धांतिक रूप में दी गई हैं परंतु उनको समझना एवं उनको वर्तमान समय में सहज रूप से अपनाना बहुत कठिन हो जाता है। बहुत सारी बातें हमको समय के हिसाब से समझ में आती हैं... उसमें कुछ अनुभव अपने होते हैं। बहुत सारे अनुभव अपने परिवार के, अपने माता-पिता के तथा वातावरण के हिसाब से समस्याओं से जूझने के कारण अपने आप पता चल जाते हैं परंतु सामान्यतः देखा जाता है कि लोग सरल रास्ता नहीं अपनाकर कठिन रास्ता अपनाने की कोशिश करते हैं जिससे वह अपना संतुलन और अपने परिवार का संतुलन भी खो बैठे हैं। ऐसी परिस्थितियों में अपने आप को संयमित रखते हुए खान-पान, रहन-सहन एवं सामाजिक वातावरण में स्थापित करने के लिए स्वास्थ्य के साथ-साथ मानसिक स्तर पर भी स्वस्थ होना आवश्यक है। डॉक्टर चौधरी सर द्वारा दिए गए उपायों को अपनाकर हम सभी अपने और अपने परिवार को बहुत ही स्वच्छ एवं उद्देश्यपूर्ण कार्यों को करने में सक्षम हो सकते हैं। इस पुस्तक के माध्यम से लेखक ने अपने आस-पास के चीजों का अध्ययन कर, उनको समझ कर तथा हमारे वरिष्ठजनों एवं समाज में स्वीकार किए गए अग्रणी मानव सभ्यता के उदाहरण के रूप में, जिनके जीवन शैली को आदर्श मानते हुए अपनों के लिए बहुत से लोग सोचते रहते हैं परंतु उस पर अमल करने की वजह अन्य समस्याओं में उलझ जाते हैं जिसके कारण उनको सही और गलत का रास्ता ही पता नहीं चलता है। साथ ही साथ इस व्यावसायिक समाज में शॉर्टकट अपनाने की जो परंपरा पड़ गई है, उसके कारण शारीरिक एवं मानसिक बीमारियों से जूझना पड़ रहा है।

डॉ. सर्वपल्ली राधाकृष्णन् राजस्थान आयुर्वेद विश्वविद्यालय
Dr. Sarvepalli Radhakrishnan Rajasthan Ayurved University
जोधपुर / Jodhpur-342 037

प्रो. (वैद्य) प्रदीप कुमार प्रजापति
Prof. (Vd.) Pradeep Kumar Prajapati
कुलपति / Vice Chancellor

आयुर्वेद के प्रैक्टिसनर होने के नाते तथा पिछले 50 सालों के अनुभवों के पश्चात मैं भी इसी निर्णय पर पहुंचा हूं कि अपने माता-पिता द्वारा दिखाए गए रास्ते पर चलकर बहुत से लोगों ने अपनी मंजिल प्राप्त की है। साथ ही साथ आज समय अनुसार अपनी दिनचर्या एवं रितुचर्या को अपना कर हम अपने शारीरिक एवं मानसिक स्वास्थ्य को संतुलित करते हुए बहुत सारे कंट्रीब्यूशन दे सकते हैं। मेरा ऐसा भी मानना है कि बहुत सारी समस्याओं का आधार हमारी अपने दैनिक कार्यकाल एवं मिथ्या आहार बिहार तथा दूसरों की नकल करने के कारण ही पैदा होते हैं जिनका निवारण भी हमको खुद ही करना होता है। अतः यदि समय रहते हुए हम अपने व्यवहार में कुछ बदलाव करते हुए सामंजस्य बनाने में सफल होते हैं तो दूसरों के लिए उदाहरण के रूप में प्रस्तुत कर सकते हैं। पुस्तक में वर्णित अनुभव ऐसे हैं जिनका आप सभी ने अनुभव किया होगा परंतु समय पर उचित मार्गदर्शन नहीं मिलने के कारण भटक गए, ऐसा मेरा मानना है। डॉ. चौधरी, जो एक कुशल सर्जन के रूप में अपना योगदान दे चुके हैं, के द्वारा इस तरह से समाज के उद्धार के लिए अपने अनुभवों का बड़े ही सुंदर ढंग से सजन कर सामान्य भाषा में प्रस्तुत करने के लिए जो प्रयास किया है, वह एक सराहनीय प्रयास है। गीता में भी कहा गया है- *कर्मण्येवाधिकारस्ते मा फलेषु कदाचन। मा कर्मफलहेतुर्भूर्मा ते सङ्गोऽस्त्वकर्मणि ॥* अर्थात् आपका काम कार्य करने का है, फल की इच्छा के बिना परंतु ऐसा कोई भी क्षण या कोई भी कार्य हम नहीं कर पाते हैं जिसमें कि फल की इच्छा ना हो। इसी के कारण कई बार आपके अनुरूप फल प्राप्त न होने पर हम सभी बहुत ही व्यथित हो जाते हैं परंतु कई बार कुछ समय पश्चात ऐसा भी महसूस होता है कि 'अच्छा हुआ' क्योंकि उसका परिणाम अच्छा होने की जगह बुरा भी हो सकता था इसीलिए हमको समय के अनुसार व्यवस्थाओं को समझते हुए आगे बढ़ने का संकल्प लेना चाहिए तथा नकारात्मक सोच से उबर कर सकारात्मक सोच से कार्य करना चाहिए। उसका फल कुछ भी हो सकता है। कई बार साधारण स्वीकार्यता से समस्याओं का

Office : Nagaur Road, Karwar, Jodhpur - 342 037 (Raj.)
Ph. off : 0291-2795301 | Fax : 0291-2795300 | Email : rau_jodhpur@yahoo.co.in, vc.dsrrau@gmail.com

डॉ. सर्वपल्ली राधाकृष्णन् राजस्थान आयुर्वेद विश्वविद्यालय
Dr. Sarvepalli Radhakrishnan Rajasthan Ayurved University
जोधपुर / Jodhpur-342 037

प्रो. (वैद्य) प्रदीप कुमार प्रजापति
Prof. (Vd.) Pradeep Kumar Prajapati
कुलपति / Vice Chancellor

समाधान हो जाता है। जिस प्रकार लेखक ने भी बताया है कि किसी भी समस्याओं का हल करने के कई माध्यम हो सकते हैं लेकिन यदि हम उसको चैलेंज के रूप में लेकर उसका सामना करते हैं तो उसके परिणाम अच्छे ही होते हैं।

इस कार्य हेतु मैं आदरणीय चौधरी जी को बहुत-बहुत बधाई देता हूं तथा धन्यवाद भी देता हूं कि उन्होंने अपने अनुभवों के आधार पर समाज में व्याप्त बहुत सारी कुरीतियों का भी सही समाधान दिया है। अतः आप सबसे अनुरोध भी करते हैं कि कम से कम एक बार इस पुस्तक का अध्ययन कर अपने और अपने परिवार के ऊपर अपनाने का कष्ट करें। बहुत सारी समस्याओं का अपने आप ही हल हो जाएगा, ऐसा मेरा मानना है। साथ ही साथ इस तरह के पुस्तकों का समय अनुरूप विभिन्न भाषाओं में भी अनुवाद कर प्रस्तुत करने की आवश्यकता है जिससे इसका महत्व और भी बढ़ जाएगा तथा संपूर्ण मानव जाति के कल्याण के लिए उपयोगी होगी

धन्यवाद।
(प्रो. वैद्य प्रदीप कुमार प्रजापति)
कुलपति

समर्पण

सदैव प्रोत्साहन, समर्थन,

एवं कदम-दर-कदम साथ देने वाली

मेरी प्रेरणा,

मेरी जीवन-संगिनी श्रीमति **सरिता**

को साभिवादन कृति-समर्पित

अनुक्रमणिका

1. मनुष्य जीवन परमात्मा का श्रेष्ठ उपहार.. 1
2 वर्तमान में जिएं जो भी है, आज ही है.. 2
3 वर्तमान का आनंद 5
4 मैं केवल वर्तमान में जीता हूँ- भगवान महावीर 8
5 लव यू ज़िन्दगी - जिंदगी को प्यार करो 9
6. हमेशा ख़ुश रहो.. 12
7 छोटी-छोटी खुशियाँ - अपार आनंद.. 15
8 वास्तविक ख़ुशी क्या है?.. 17
9 मुस्कान का सम्मोहन 18
10 अपने जीवन को स्वर्ग बनाएँ 20
11 सरलता, सहजता और सादगी 21
12 मस्ती का राज - एक बोध कथा 23
13 प्रसन्न और शान्त कैसे रहें?.. 25
14 खुद से प्यार करो- लव योरसेल्फ -स्वयं को जानें- खुद से प्यार करें...... 27
15 अपना जीवन स्वयं जियो.. 29
16 “जीवन का संतुलन” 31
17 जिंदगी ऐसी जिएं कि कोई अफ़सोस न हो 34
18 आज जिंदगी का आखिरी दिन हो.... 35
19 जिदंगी ऐसे जियो – बिल गेट्स.. 37
20 मैंने जीना सीख लिया है 38
21 जिंदगी ऐसे जिएं कि अंत भी खूबसूरत हो 39
22 मेरे अनुभव.. 40

23	"क्या नहीं करना चाहिए" की भी सूची बनायें	41
24	अच्छे कार्य-जीवन संतुलन (Work Life Balance)	44
25	जीवन की परिभाषा	47
26	जीवन एक परीक्षा है	48
27	जीवन एक सुअवसर है	49
28	जीवन-संघर्ष: एक चुनौती	50
29	मुश्किलें नहीं आएंगी तो	53
30	जीवन निरंतर परिवर्तनशील	54
31	"आपकी सोच"	56
32	विचार से व्यक्तित्व निर्माण	57
33	भाग्य-निर्माता - आप स्वयं	60
34	अपनी प्रतिक्रिया (रिएक्शन) को नियंत्रित करें	62
35	विष-वमन से दुःख आमंत्रण "तीन जहर से दूर रहें"	64
36	उलझो मत, सुलझो	65
37	चिंता नहीं, चिन्तन करें	67
38	लोग क्या कहेंगे (LKK) फोबिया	70
39	दूसरों पर नियंत्रण	72
40	नकारना - एक कला "ना" कहने की कला सीखे	74
41	'इनकी' वापसी संभव नहीं	76
42	अपेक्षा नहीं - उपेक्षा नहीं	78
43	जीवन का मूल मंत्र क्या है?	80
44	बुरा वक्त आये तो क्या करें?	82
45	विश्वास में सतर्कता	84
46	प्राप्त ही पर्याप्त	86
47	जाने दो (Let it GO)	88

48 'अति सर्वत्र वर्जयेत्' 90
49 अनुभव श्रेष्ठ गुरु हैं 92
50 आराम की जिंदगी (कम्फर्ट जोन) से बाहर आओ 94
51 हर दरवाजे पर दस्तक दो 96
52 कुछ भी असंभव नहीं है- नथिंग इज इम्पॉसिबल 97
53 निजी रहस्यों को कभी किसी को नहीं बताये 99
54 दुनिया में सबसे खुश व्यक्ति कौन है? 101
55 सेक्स सेहत के लिए अच्छा 103
56 एक लक्ष्य चुनें 105
57 आपका सबसे बड़ा दुश्मन कौन? 106
58 कम बोलो, कम सोचो, कम देखो 108
59 अच्छी आदतें बनाओ, बुरी आदतें छोड़ो 109
60 तू अपनी खूबियाँ ढूँढ, कमियाँ निकालने के लिए लोग हैं 110
61 आपके जीवन को सृजन और आकार देता है 112
62 प्रतिदिन छोटे, निरंतर सुधार करें। 113
63 जिंदगी का कड़वा सच 116
64 सफलता का पैमाना 117
65 मन बगीचा, आप बागवान 118
66 मन से डर को निकाल दें 120
67 हमेशा अपना सर्वश्रेष्ठ करें इसे एक आदत बना लें 123
68 जब भी मेरे सामने दो रास्ते आते हैं 125
69 मन में प्रेम और आनन्द की तरंगों का अनुभव करें 126
70 "आत्म दीपो भव" Be your own light स्वयं को जानें 127
71 स्वयं के खोज की मेरी यात्रा Journey of my self-discovery 129
72 मौन एक साधना 131

73 आध्यात्मिक स्वास्थ्य (SPIRITUAL HEALTH)	133
74 ईश्वर से मित्रता	134
75 ईश्वर में श्रद्धा: स्वार्थ-सिद्धि वर्जित	136
76 दिव्य काल (डिवाइन टाइम)	138
77 परमतत्व की प्राप्ति	140
78 "मानवता" सर्वोत्तम धर्म	141
79 बिना फल की इच्छा किये कोई कर्म क्यों करेगा?	143
80 "ईश्वर का प्रसाद है दुःख"	147
81 अपना आभार व्यक्त करें	148
82 हम बच्चों से कैसे सीख सकते हैं?	149
83 "आंतरिक शांति का सूत्र"	152
84 पैसे के नियम	154
85 वित्तीय स्वतंत्रता	155
86 सबसे बड़ा जोखिम, जोखिम न लेना है	156
87 अमीरी मन से होती है	158
88 दाम्पत्य जीवन की नींव	159
89 संबंधों के कुल पाँच सीढ़ियां	161
90 आदर्श रिश्ते की तलाश	162
91 रिश्तों की अहमियत	163
92 शादी को खुशहाल बनाने ५ मंत्र : सुधा मूर्ति	165
93 प्रकृति के नियम	167
94 स्वस्थ और दीर्घायु जीवन का रहस्य 'शतं जीव शरदो वर्धमानः'	169
95 "आपका आहार"	171
96 दुनिया के सर्वश्रेष्ठ छः डॉक्टर	172
97 स्वास्थ्य हमेशा दवा से नहीं आता	173

98 बुजुर्ग नहीं, भाग्यशाली लोग 174
99 वृद्धावस्था में कैसे रहें? 176
100 बढ़ती उम्र में इन्हें छोड़ दीजिए.................................. 178
101 बुढ़ापे के कुछ बड़े अफ़सोस 180
सारांश.. 181
सविनय अनुरोध.. 195

1.
मनुष्य जीवन परमात्मा का श्रेष्ठ उपहार

जीवन एक अवसर है, श्रेष्ठ बनने का, श्रेष्ठ पाने का। जीवन भगवान का आशीर्वाद, एक उपहार है, जीवन ईश्वर द्वारा नियोजित (planned) और निर्धारित (scripted) नियति है।

हिन्दू धर्म में जिंदगी के चार महत्वपूर्ण पुरुषार्थ हैं :

धर्म : धार्मिकता और नैतिक मूल्य

अर्थ : धन, समृद्धि और वैभव

कामा: प्यार, इच्छा और आनंद

मोक्ष : जन्म-मृत्यु चक्र से मुक्ति

जीवन एक यात्रा है जिसमें योजनाएं, सपने, इच्छाएं, भावनाएं, आशाएं, निराशाएं, दर्द और दुःख और बहुत कुछ है। जीवन एक खूबसूरत सीखने का अनुभव है। यह इस बात पर निर्भर करता है कि आप अपना जीवन क्या और कैसे डिज़ाइन करते हैं। जीवन को भरपूर जियो और जितना संभव हो, उतनी अविश्वसनीय यादें बनाओ।

सौभाग्यपूर्ण जीवन (blessed life) का परम (ultimate) लक्ष्य होना चाहिए: खुशी, आनंद, शांति, स्थिरता और संतुष्टि

> "अपनी ख़ुद की ज़िंदगी जिएँ
> प्यार करो, हँसो, आनंद लो, मुस्कुराओ"

2
वर्तमान में जिएं
जो भी है, आज ही है

जीवन का अतीत बीता हुआ समय है, उसकी पुनरावृत्ति सम्भव नहीं, उसमें बदलाव भी सम्भव नहीं, आज उसमें किसी भी रूप में संशोधन नहीं किया जा सकता; तो उस बीत चुके समय को लेकर किसी प्रकार की चिंता, किसी प्रकार का विचार करना हमारे आज के महत्वपूर्ण समय को व्यर्थ ही गंवाने के अतिरिक्त कुछ नहीं है।

गिरिधर कविराय कहते हैं

"बीती ताहि बिसारि दे, आगे की सुधि लेइ।
जो बनि आवै सहज में, ताही में चित देइ॥
ताही में चित देइ, बात जोई बनि आवै।
दुर्जन हंसे न कोइ, चित्त मैं खता न पावै॥
कह 'गिरिधर कविराय', यहै करु मन परतीती।
आगे को सुख समुझि, होइ बीती सो बीती॥"

जो बीत गया, उसे भूल जाओ और आगे की सोचो, जो हो सकता है। जो चीजें सरलतापूर्वक हो जाएं और जिसमें अपना मन लगता हो, उन्हीं विषयों पर सोच-विचार करना हितकारी होता है। ऐसा करने पर कोई हँसेगा नहीं और आप मनपूर्वक अपने कार्य को संपन्न कर पाओगे। इसलिए **गिरिधर कविराय कहते हैं कि जो मन कहे वही करो बस आगे का देखो, पीछे जो गया उसे बीत जाने दो।**

इसी प्रकार आने वाला कल हमारे लिए क्या लेकर आने वाला है अथवा यों कहें कि भविष्य के गर्भ में क्या छुपा है, इसके बारे में जानकारी प्राप्त करना आज तो

कतई सम्भव नहीं; तो ऐसे भविष्य को लेकर आज किसी भी प्रकार का विचार करना समय को व्यर्थ गंवाना है।

ओशो 'रजनीश' ने कहा है कि

'मनुष्य या तो बीते हुए कल में खोया रहता है या फिर अपने भविष्य की चिंताओं में डूबा रहता है। दोनों अवस्थाओं में वह दुःखी ही रहता है।'

हम अधिकतर बीते हुए कल को याद कर कभी खुशी और कभी ग़म अनुभव करते रहते हैं जिससे हमारे मन में दुःख, विषाद या उदासीनता अपना घर कर लेती है। यह अच्छी तरह मालूम होने के बावजूद कि बीते हुए कल को हम कभी नहीं बदल सकते, उसे बार-बार याद करके हम हमारे समय के साथ ही अपनी ऊर्जा भी नष्ट किए जा रहे हैं। अपने बीते हुए कल से हम बहुत कुछ सीख अवश्य ले सकते हैं; किंतु वहीं ठहरकर नहीं, बल्कि उससे आगे बढ़कर ताकि अपनी ऊर्जा को हम आज अपने वर्तमान समय पर लगा सकें और उसे बेहतर बना सकें।

भगवान बुद्ध ने भी कहा है,
'अतीत में मत रहो, भविष्य के सपने मत देखो, मन को वर्तमान समय पर केन्द्रित करो।'

अपने भविष्य को लेकर हम अनेक सपने देखते हैं, कई योजनाएं बनाते हैं, अलग-अलग तरह की कल्पनाएं करते हैं; लेकिन सच्चाई यह है कि हमें भविष्य के बारे में कोई जानकारी नहीं है, हम कुछ नहीं जानते और न ही कुछ जान सकते हैं। हमारा भविष्य इस बात पर निर्भर करता है कि हम आज, वर्तमान में क्या और कैसे करते हैं। तो यह कहना ही श्रेयस्कर है कि बीते हुए कल और आने वाले कल से, हमारा वर्तमान समय ही श्रेष्ठ समय है।

अब प्रश्न उठता है कि वर्तमान समय को किस प्रकार जिएं?

तो इसका सरलतम व गूढ़ उत्तर है –

"प्रत्येक दिन को इस तरह से जियो, जैसे कि यह जीवन का अंतिम दिन है। इसे करके देखिए कि आज के दिन को अंतिम दिन मान लें, तो हमारे

जीने का तरीका ही बदल जाएगा। इस एक विचार मात्र से हमें हमारे स्वभाव, दृष्टिकोण और हमारे व्यवहार में उल्लेखनीय परिवर्तन दृष्टिगत होगा। हमारा जीवन अधिक सार्थक, अधिक अर्थपूर्ण हो जाएगा।"

3
वर्तमान का आनंद

ज़िंदगी एक सच है
जो आज है वो अब है,
फिर परवाह किसी की हम करें क्यूँ
किसी से डरे क्यूँ
जब मीलों लंबे हैं रास्ते
तो रोना किस वास्ते,
जो साथ चल रहा है देखें उसको
जो छूट गया भूलें उसको,
हर पल नई उम्मीदों का दामन थामे
क्योंकि
जिस खुदा की रहमत में दम है
उसका अंश हम हैं
ज़िंदगी एक सच है
जो आज है वो अब है।

श्री श्री रविशंकर जी के कथनानुसार:

'जब भी तुम प्रेम में हो और आनन्द का अनुभव करते हो, तो तुम्हारा मन वर्तमान में होता है।'

वर्तमान ही जीवन है। जो भी है, बस यही एक पल है। यह पल, यह समय, यह दिवस कभी लौटकर नहीं आएगा। वर्तमान समय को तीन इकाइयों पर केंद्रित किया जा सकता है : शरीर, मन, तथा आत्मा। इस केंद्रीयकरण के फलस्वरूप हमें क्या प्राप्ति होती है, इस पर विचार किया जाना आवश्यक है जो कि पूर्णतः हम पर ही निर्भर है।

हम यदि हमारे वर्तमान समय को **शरीर** केंद्रित रखते हैं तो सिवाय भोग और विलास के, हमें और कुछ भी प्राप्ति नहीं होगी।

दूसरी इकाई है **हमारा मन**। किंतु मन का स्वभाव ही चंचल है। वर्तमान को मन पर केंद्रित करना इसलिए संभव नहीं हो सकता कि मन या तो अतीत में खो जाता है या भविष्य में छलांग लगाने लगता है।

अब बचती है **आत्मा**। वर्तमान को आत्मकेंद्रित रखेंगे या यों कहें कि वर्तमान समय में हम अपनी आत्मा के साथ जिएंगे, तो हम अनुभव करेंगे कि दुनिया में हमसे बढ़कर शांत, सौम्य, विनम्र, और जीवन का भरपूर आनन्द लेने वाला और कोई नहीं है।

जीवन जीने के तीन महत्वपूर्ण सूत्र हैं, जिन पर विचार किया जाना होगा।

ये सूत्र हैं - करो, सीखो और भोगो।

पहले सूत्र 'करो' के अंतर्गत हमें ध्यान रखना है कि जो भी करना है, आज ही, अभी ही करो; कल कभी नहीं आएगा। कहा भी है, काल करे सो आज कर, आज करे सो अब... तो जीवन का यह सूत्र हमें वर्तमान के महत्व को समझाता है।

दूसरा सूत्र है, 'सीखो'। हमें पूरी ज़िंदगी एक विद्यार्थी बने रहना है, एक जिज्ञासु बने रहना है। सीखने को संसार में इतना कुछ है कि इस हेतु एक जीवन तो बहुत कम है। हर क्षण, हर कदम पर हमें सीखने को कुछ न कुछ मिल जाएगा। इसके लिए हमें सदैव जागृत और सचेत रहना होगा। नियमित रूप से हम सीखते हुए वर्तमान में निडरतापूर्वक आगे बढ़ सकते हैं।

जीवन का तीसरा सूत्र है 'भोगो'। यह सूत्र हमें बताता है कि जब तक जीवन है, उसे किसी न किसी रूप में भोगना ही है। हमारी देह भोगे बिना रह नहीं सकती। इसकी नियति है भोगना।

प्रकृति के पंचरस (पंच तत्व - पृथ्वी, जल, वायु, अग्नि, और आकाश) को वर्तमान में भोगते हुए शरीर को इससे जोड़ना है; इसे ही स्वास्थ्य कहा गया है।

जो 'स्व' में स्थित है, वही स्वस्थ है; उसी ने वर्तमान को अच्छे से जिया है। अस्वस्थता का संबंध न तो हमारे अतीत से है, न हमारे भविष्य से; उसका संबंध केवल हमारे वर्तमान से ही है।

जब तक हम पंचरस का सेवन करते रहते हैं, हम स्वत: ही बाहर से सक्रिय हो जाएंगे और भीतर से अपार शांति का अनुभव करेंगे।

आनंद, सजगता, सतर्कता, और दया के क्षणों में जीना ही वास्तव में दिव्यता की प्राप्ति है।

संदर्भ: दैनिक भास्कर

4
मैं केवल वर्तमान में जीता हूँ- भगवान महावीर

एक व्यक्ति जो हमेशा दुखी रहता था, परेशान रहता था क्योंकि उसे कभी बीते हुऐ कल की याद सताती थी, तो कभी आने वाले भविष्य की चिंता रहती थी। वह भगवान महावीर के पास गया तो उसने भगवान के चेहरे पर अद्भुत ओज़ और शांति का अनुभव हुआ। उसने अपनी परेशानी बताई और पूछा इसका क्या कारण है?

तब भगवान महावीर सौम्य मुस्कान और शांत मुद्रा में बोले **"मैं अतीत को याद नहीं करता, भविष्य के सपने नहीं देखता और कभी भी किसी तरह की चिंता, दुःख नहीं करता। मैं केवल वर्तमान में जीता हूँ इसलिए सदैव स्वस्थ और प्रसन्न रहता हूँ। मेरे चेहरे पर सदैव अलौकिक आनंद का भाव रहता हैं।"**

उस व्यक्ति को प्रेरणा मिली और वह पूरी तरह से उत्साह और उमंग से भर गया और शांतिपूर्वक अपना जीवन जीने लगा।

5
लव यू ज़िन्दगी - जिंदगी को प्यार करो

छोड़ो कल की बातें, कल की बात पुरानी...

ज़िन्दगी को खुलकर, मस्त होकर, और अपने तरीके से जियो, आज के दिन को अच्छी तरह से जी लो जैसे कि यह ज़िन्दगी का आखिरी दिन हो।

अपने अहंकार, अपने अहम्, अपने अभिमान से ऊपर उठकर स्वयं को पूरी तरह से बदल डालो। क्या करेंगे इस ईगो का?

कहां लेकर जाना है इसे?

उन सारे लोगों को मन से माफ़ कर दो जिन्होंने कभी तुम्हें कोई पीड़ा पहुंचाई। भुला दो उन्हें, जिन्होंने तुम्हें कोई कष्ट, कोई दर्द दिया है। किसी के साथ तुमने कभी कुछ ग़लत किया है, कभी किसी को पीड़ा पहुंचाई है, तो मांग लो उनसे जाकर माफ़ी। पल-पल जीवन ख़त्म होता जा रहा है, वक्त हाथ से फिसलता जा रहा है, तो इसी पल बिगड़े रिश्तों को संवार लो। पुनः टूटे दिलों को जोड़ लो।

जिसने कभी आपके साथ कुछ बुरा किया है, उसका हिसाब करने का काम ऊपर वाले पर छोड़ दो, आप तो जीवन के हर पल को एंजॉय (Enjoy) करो, हर पल का भरपूर आनंद लो।

लोग क्या कहेंगे, इसकी चिंता छोड़कर मस्त हो जाओ। लोग क्या कहेंगे (L K K) - यह एक प्रकार का फोबिया है, इस फोबिया से बाहर निकल जाओ। लोग क्या कहेंगे या क्या सोचेंगे, यह काम तो लोगों पर ही छोड़ दो, यदि हम यही सोचने लगेंगे तो फिर लोगों के लिए क्या काम रह जाएगा।

बिना बात की चिंता करने वाला जवानी में ही बूढ़ा हो जाता है, जबकि मस्ती में जीने वाला अस्सी साल का व्यक्ति भी जवान को पीछे छोड़ देता है। आज हम अपने चारों ओर नज़र डालें तो समाज में बहुत से 20 साल के बूढ़े, जीवन को ढोते और 80 साल के जवान, जीवन को जीते हुए आसानी से नजर आ जाएंगे।

यदि ढलती हुई उम्र में भी जवान रहना चाहते हो तो भूल जाओ सारी दुनिया को, भुला दो समाज के सारे बंधनों को।

अपने मन को चुनो, मन की सुनो, मन जो कहे, वही करो। अपने सारे शौक़ खुलकर दिल से पूरे करो। दोस्तों से मिलो, मन की बातें करो, रात का आनन्द उठाओ।

परिवार के साथ प्रकृति का आनन्द उठाओ। ऐसी कई जगहें होंगी, जहां अब तक तुम नहीं गये हो। ऐसी अनजानी, अनोखी, आनंददायक जगहों पर परिवार के सदस्यों को लेकर जाओ। नयी जगहों पर नये लोगों से मिलो, उनसे बातें करो, उनके साथ समय व्यतीत करो।

अकेले में भी आनंद का अनुभव करो। जो और जैसे मन कहे, वैसे ही करो। अकेले नाचने का मन करे, तो नाचो। कोई ज़रूरी नहीं कि नृत्य के नियमों की जानकारी हो, बस जैसे चाहो वैसे ही नाचो। तेज़ आवाज़ में संगीत बजाकर नाचने का मन करे तो संगीत के साथ भी नाचो। बंद कमरे में हँसने का मन करे तो खुलकर हँसो। जोर-जोर से ठहाके लगाकर हँसो। यदि रोने का मन करे तो अकेले, बंद कमरे में खुलकर रो लो। चिल्लाने का मन करे तो जोर-जोर से चिल्लाओ।

अंततोगत्वा यह है कि मन को खुला छोड़कर उसके साथ-साथ बह जाओ और मन के कहे अनुसार ही करते जाओ; फिर देखोगे कि असली जीना तो यही है।

मन को पिंजरे में न डालो,
मन का कहना मत टालो,
मन तो है इक उड़ता पंछी,
जितना उड़े, उड़ा लो...।

6

हमेशा ख़ुश रहो

हमारे जीवन का उद्देश्य खुश रहना है।

-दलाई लामा

जीवन में हम सभी खुशी, संतोष और आनन्द चाहते हैं, किंतु इन्हें प्राप्त नहीं कर पाते अथवा कहें अनुभव नहीं कर पाते। हम नहीं जानते कि हम जीवन में क्या चाहते हैं, जो हमें ख़ुशी या आनन्द की अनुभूति देता है।

दरअसल खुशी को मापने का कोई निश्चित पैमाना नहीं है। हर व्यक्ति का खुशी को मापने का अपना अलग पैमाना होता है।

- किसी को धन तो किसी को स्वास्थ्य, किसी को परिवार तो किसी को व्यक्तिगत संबंधों में खुशी मिलती है।
- किसी को आत्मिक या आध्यात्मिक आनंद में खुशी मिलती है।

"खुशी एक रंगीन तितली के समान है। यदि हम उसे पकड़ने की कोशिश करेंगे, तो वह हाथ नहीं आएगी, भाग जाएगी, किंतु यदि हम स्थिर होकर बैठ जाएंगे, हिलेंगे-डुलेंगे नहीं, चुपचाप उस पर दृष्टि डालते रहेंगे, तो वह हमारे साथ खेलेगी और अठखेलियां करेगी।"

1. "संसार में केवल वही सुखी है, जो खुश रहना सीख चुका है।"
2. "खुशी एक ऐसी भावना है, जो आपके सपनों को नए पंख देती है।"
3. "जीवन में खुश रहने वाले व्यक्ति का ही अस्तित्व चमकदार बनता है।"
4. "खुश रहने से हमारे जीवन में सकारात्मकता का संचार होता है।"
5. "खुश रहने वाला व्यक्ति ही सरलता से अपने लक्ष्य प्राप्त कर सकता है।"
6. "जो लोग हर पल में खुशियां ढूँढ़ते हैं, वही लोग सही मायनों में धनवान होते हैं।"
7. "खुशियां ही हमें सपनों को पूरा करने के लिए हर मोड़ पर नई ऊर्जा के साथ प्रेरित करती हैं।"

"खुशियाँ हमारे भीतर हैं, उसे बाहर मत खोजो"

"स्वयं भरपूर खुशी और आनन्द का अनुभव करें और पूरी ताकत के साथ उसे ब्रह्माण्ड में भेजें, वह खुशी कई गुणा बढ़कर पुनः आपके पास लौटकर आएगी।"

- ➤ स्वयं से प्यार करो।
- ➤ एक खुशहाल रिश्ते का विकास सच्चे दिल से करो।
- ➤ आपके पास जो कुछ है, उससे संतुष्ट और ख़ुश रहो।

"शायद,
सच्ची खुशी
तब है
जब हम खुद से खुश हैं"

आनन्द का मूल मंत्र:
"हमेशा स्वयं भी खुश रहें और दूसरों को भी खुश रखें।"

7

छोटी-छोटी खुशियाँ - अपार आनंद

प्रातः काल उठने से लेकर रात्रि में शयन हेतु जाने के मध्य पूरे दिन का विश्लेषण करें तो हमारे चारों ओर अनेकानेक छोटी-छोटी खुशियों का भण्डार है, किंतु हम अपनी रोज़मर्रा की ज़िंदगी में इतने अधिक व्यस्त रहते हैं कि हमें उन खुशियों का अनुभव ही नहीं होता; परिणामस्वरूप हम उन खुशियों का आनन्द लेने से वंचित रह जाते हैं।

उदाहरणार्थ, प्रातः काल सूर्योदय से पूर्व उठकर हम यदि घर की छत पर जाएं अथवा फ्लैट की बॉलकनी में खड़े हों, तो प्रकृति का जो मनोरम स्वरूप हमें दृष्टिगत होगा वह अनुपम है। दूर तक फैले खुले आकाश का शांत वातावरण, मधुर ठंडी-ठंडी हवा का झोंका, भांति-भांति के पक्षियों के झुण्ड का कलरव, और आकाश में पसर रही मद्धम सूर्य किरणों की लालिमा; सब कुछ मिल कर एक अद्भुत मनोहारी दृश्य उत्पन्न करता है कि मन करता है बस, इससे बढ़कर कोई दूसरा दृश्य मन को इतना आनंद नहीं दे सकता। हमारे पूरे दिन को ऊर्जस्वित रखने के लिए प्रातः काल का यह समय पर्याप्त है। किंतु विडंबना यह है कि आज हममें से कितने लोग होंगे जो सूर्योदय से पूर्व उठकर यह आनन्द लेने में सक्षम हैं, क्योंकि अधिकांश लोग तो धूप निकलने के बाद ही आंख खोलते हैं, और तब तक तो शहरी चिल्ल-पों समग्र खुशनुमा वातावरण को अपने में समेट चुकी होती है। हमारी रोज़मर्रा की दौड़-धूप के बीच हम खुशी के उन शांत और रम्य क्षणों का आनन्द उठा ही नहीं पाते।

सवेरे-सवेरे छोटे-छोटे बच्चे तैयार होकर स्कूल जाते और वापस घर आते समय, इन रंग-बिरंगी पोशाकों वाले नौनिहाल को निहारना भी हमें अपार आनन्द का अनुभव कराता है, यदि हम शांतचित्त होकर मंदस्मित मुस्कान के साथ उन बच्चों को निहारें।

दिन के समय हाथ में थैला लेकर बाज़ार को जाएं, वहां ग्राहक के इंतजार में बैठे छोटे दुकानदारों से बिना अधिक मोल-भाव किए सब्जी खरीदें, खाली बैठी

मालिनों या फुटकर सामान बेचने वाली अधेड़ महिलाओं से कुछ सामान खरीदकर उनकी बोहनी कराएं, ऐसे बहुत से चेहरे बाजार में नज़र आ जाएंगे जिनसे कोई बिना ज़रूरत की वस्तु भी खरीदकर उन चेहरों पर मुस्कान बिखेरी जा सकती है और इसका आनन्द भी अलौकिक है।

सांझ ढले किसी झील, नदी, तालाब किनारे अथवा किसी बगीचे की बेंच पर बैठकर आस-पास के शांत और मनोरम दृश्य का आनन्द भी लिया जा सकता है। झील, नदी, तालाब किनारे पर बैठ कर ढलती शाम मन को एकाग्र करने के साथ ही शांति का अनुभव कराती है। बगीचे में दूर तक फैली हरियाली और रंग-बिरंगे फूलों से लदे पौधे तथा ऊंचे-ऊंचे वृक्ष और उनकी टहनियां - ये सब प्रकृति से निकट होने का अनुभव कराते हैं और हमें प्रसन्नता से भर देते हैं। आस-पास उछल-कूद करते व तरह-तरह के खेल खेलते बच्चों और युवाओं को देखना भी आनन्ददायक होता है। किसी परिचित अथवा अपरिचित से सकारात्मक बातचीत कर स्वयं भी खुश हो सकते हैं और उन्हें भी प्रसन्नता से सराबोर कर सकते हैं।

वैसे तो जीवन में सबसे कठिन कार्य है स्वयं को खुश रखना, क्योंकि हम रोज़मर्रा की उलझनों में इतने अधिक उलझे रहते हैं कि हमें लगता है खुशी कहीं बाहर है; जबकि वास्तविकता इससे उलट है। खुशी हमारे भीतर ही है, हमारे आसपास ही है। बस, दृष्टिकोण बदलने भर की देर है। आस-पास की खुशी को पहचानने की नज़र निर्मित कर लें, जो कि हमें ही करनी है, फिर देखें छोटी-छोटी खुशियां हमें नज़र आने लगेगी और साथ ही हमें आनन्द भी मिलेगा।

जीवन में हम सभी खुशी, संतोष, और आनन्द चाहते हैं, किंतु इन्हें प्राप्त नहीं कर पाते अथवा कहें अनुभव नहीं कर पाते।

जो कुछ हमारे भीतर है, हमारे इर्द-गिर्द है, उसी में खुशी है। इसलिए हमेशा स्वयं से प्रेम करें। आत्म सम्मान की भावना को प्रबल करें।

स्वयं भरपूर खुशी और आनन्द का अनुभव करें और सबको को भी खुश रखें। यही आनन्द का मूल मंत्र है।

8
वास्तविक ख़ुशी क्या है?

श्री रत्न टाटा द्वारा सुनाई गई सच्ची कहानी-

जब एक साक्षात्कार में अरबपति रतन टाटा से पूछा गया - जब आपको जीवन में खुशी मिलती है तो आप क्या याद करते हैं?

उन्होंने कहा- मैं अपने जीवन में खुशी के चार चरणों से गुजर चुका हूं और आखिरकार मुझे खुशी का मतलब समझ में आ गया। पहला चरण धन और साधन संचय करना था लेकिन इस संचय में मुझे वह ख़ुशी नहीं मिली जो मैं चाहता था। इसके बाद मूल्यवान वस्तुओं को एकत्रित करने का दूसरा चरण आता है। लेकिन मुझे एहसास हुआ कि इस चीज़ का प्रभाव अस्थायी है। फिर एक भारत और विदेश में बड़ा प्रोजेक्ट पाने का तीसरा चरण आता है, यहाँ भी मुझे वो ख़ुशी नहीं मिली जिसकी मैंने कल्पना की थी। चौथा चरण, जब मेरे एक मित्र ने लगभग 200 विकलांग बच्चों के लिए व्हीलचेयर खरीदने के लिए कहा। अपने दोस्त के कहने पर, मैं तुरंत व्हीलचेयर ले आया। लेकिन मेरे दोस्त ने आग्रह किया कि मैं उसके साथ जाऊं और बच्चों को व्हीलचेयर सौंप दूं। मैंने अपने हाथ से व्हीलचेयर दी। मैंने इन बच्चों के चेहरे पर अजीब चमक देखी। मैंने उन सभी को व्हीलचेयर पर बैठे, मस्ती करते और मुस्कुराते हुए देखा। मुझे अपने अंदर असली ख़ुशी महसूस हुई।

जब मैंने जाने का फैसला किया, तो एक बच्चे ने मेरा पैर पकड़ लिया, मैं झुक गया और पूछा कि क्या आपको किसी और चीज़ की ज़रूरत है?

इस बच्चे के जवाब ने मेरी जिंदगी के प्रति नजरिया पूरी तरह बदल दिया: बच्चे ने कहा - "मैं आपका चेहरा याद रखना चाहता हूं, ताकि जब मैं स्वर्ग में आपसे मिलूं तो आपको पहचान सकूं और एक बार फिर से धन्यवाद दे सकूं।

9
मुस्कान का सम्मोहन

चेहरे की मुस्कुराहट व्यक्ति का एक अनमोल आभूषण है। मुस्कान हमारे व्यक्तित्व को निखारने का काम करती है। आम तौर पर हम मुस्कुराते हुए लोगों की ओर स्वाभाविक रूप से आकृष्ट होते हैं।

यह कोई आश्चर्य की बात नहीं है कि तटस्थ, गंभीर, और नकारात्मक भावाभिव्यक्ति वाले व्यक्ति को हम कतई पसन्द नहीं करते।

चेहरे की मुस्कान हमें आकर्षित करती है, क्योंकि मुस्कुराहट -

- हमारी **मनोदशा (mood)** को दर्शाती है

- हमारी **प्रतिरक्षा प्रणाली (immune system)** को मजबूत बनाती है

- हमारे **रक्तचाप ((blood pressure)** को नियंत्रित करती है

- हमारे भीतर **अच्छी अनुभूति** देती है

- हमें **सदैव युवा** दर्शाती है

- हमारा **आत्मविश्वास** बढ़ाती है
- हमें **सकारात्मक** रहने में मदद करती है।

इस सबके अतिरिक्त मुस्कुराहट हमें शारीरिक आराम देने तथा हमारा मानसिक तनाव दूर करने वाली बेहतरीन प्राकृतिक औषधि है।

मुस्कराते रहो,
खुश रहो...

दुनिया में ऐसा एक भी चेहरा नहीं है,

जो मुस्कराने के बाद सुन्दर ना लगे।

कामयाब लोग खुश रहें या ना रहें,

लेकिन खुश रहने वाले लोग

कामयाब जरूर होते हैं, इसीलिए खुश रहें।

खुशनसीब वो नहीं, जिसका नसीब अच्छा है,

खुशनसीब वो है, जो अपने नसीब से खुश है।

खुशी के लिए काम करोगे तो खुशी नहीं मिलेगी,

लेकिन खुश होकर काम करोगे

तो खुशी जरूर मिलेगी।

याद रखें –

हमेशा मुस्कुराते रहें,
अपने आस-पास मुस्कुराहट बिखेरें,
हर किसी के चेहरे पर मुस्कुराहट लाने की कोशिश करते रहें,
दुनिया के लिए मुस्कुराएं,
दुनिया के लिए अपनी मुस्कान को कभी नहीं खोएं।

10
अपने जीवन को स्वर्ग बनाएँ

स्वर्ग असाधारण ख़ुशी और आनंद का स्थान है। यह कल्पना है या वास्तविकता हम हकीकत में नहीं जानते।

वास्तव में स्वर्ग अत्यंत व्यक्तिगत अनुभूति है, जहाँ आप शांति, और अत्यधिक आशीर्वाद महसूस करते हैं

स्वर्ग के बारे में मेरे विचार

> वह करना है जो आपको खुशी दे,
> जो आपको शांतिपूर्ण जीवन दे,
> जो आपको पूर्ण संतुष्टि का एहसास कराए,

खुशी से जीना और प्यार करना, आत्मा का स्वर्ग है। जब आप प्यार में होते हैं, तो आप अपने दिल में स्वर्ग महसूस करते हैं।

आचार्य चाणक्य का मानना है कि

"स्वस्थ शरीर, शांत मन, आर्थिक रूप से स्वतंत्र, आंखों में शर्म, दिल में प्यार और दयालुता, चेहरे पर मुस्कान, सौम्य और उत्तम व्यवहार, यदि आपमें सब कुछ है, तो आप पहले से ही अपने स्वर्ग में हैं।"

11
सरलता, सहजता और सादगी

स्वामी परमहंस योगानंद जी कहते हैं-

"सादगी आपकी खुशियों की कुंजी है। जितना हो सके, उतना सरल रहो। आप देखकर आश्चर्यचकित रह जाएंगे कि आपका जीवन कितना सरल और खुशहाल हो गया है।"

हेनरी डेविड थॉरो (Henry David Thoreau) ने भी कहा है-

"जीवन को सरल बनाएं। उन चीज़ों के लिए संघर्ष नहीं करें और अपना समय बर्बाद नहीं करें, जो महत्वहीन हैं। अपनी ज़रूरतों और चाहतों को कम से कम रखें और जो आपके पास उपलब्ध है, उसका भरपूर आनंद लें। अतीत के बारे में चिंतित होकर अपने मन की शांति को नष्ट न करें। वर्तमान में सरलतापूर्वक जिएं।"

सादगी हमारे व्यक्तित्व का परम परिष्कार है। जीवन का पूर्ण अहसास भी यही है, और आनन्दपूर्वक जीने का असली खजाना भी यही है।

सरलता - सादगी - सहजता का आधार क्या है।

वास्तव में ये गुण हमारे अच्छे जीवन-मूल्यों, हमारे नैतिक चरित्र, और हमारे सोचने-विचारने के व्यापक दृष्टिकोण पर निर्भर करते हैं।

यही गुण हमारे जीवन को सही मायनों में व्यापक और सम्पूर्ण बनाते हैं।

जो लोग सरल व सहज जीवन जीते हैं, उन्हें परम सुख की प्राप्ति अवश्य होती है।

यदि हम सहज जीवन को पूरी तरह से अपनाते हैं, तो हम केवल उन्हीं कार्यों पर अपना ध्यान केंद्रित करेंगे जो हमारे लिए आवश्यक हैं तथा जो हमारे लिए सबसे महत्वपूर्ण हैं।

अत: हमेशा इन बातों का ध्यान रखें -

तनावमुक्त, सरल, व आरामदायक जीवन जिएं,

एक **स्पष्ट और संतुष्ट** जीवन जिएं,

जीवन में हमेशा **अच्छे मूल्यों** को अपनाएं,

जीवन में हमेशा **धीमी गति** ही अपनाएं,

वर्तमान **डिजिटल युग** में उत्पन्न शारीरिक व मानसिक अव्यवस्थाओं को जीवन से हटाएं,

स्वयं को विचारों और विश्वासों के **अनुचित बंधन** से मुक्त करें,

हमेशा अपने **हृदय** की बात सुनें, अपने **अंतर्ज्ञान** पर ध्यान दें,

जीवन और दैनिक कार्यों में **संतुलन** स्थापित करें,

हमेशा सभी से **समभाव** रखें,

दूसरों की हरसंभव **सहायता** करें।

12
मस्ती का राज - एक बोध कथा

एक बार एक राजा वन में जा रहा था। उसने रास्ते में एक युवक को खेत में हल जोतते हुए देखा और वह मस्ती में भगवान के भजन गाता जा रहा था। राजा उसके आनंद और मस्ती से प्रभावित हुआ। राजा ने पूछा- "बेटा तुम मेहनत करते हुऐ कैसे मौज-मस्ती कर पाते हो? इस अनोखी मस्ती का क्या राज है?" उस युवक ने उत्तर दिया- "मैं अपनी मेहनत की कमाई बाँट कर खाता हूँ। हर क्षण भगवान को याद करता हूँ, मैं हमेशा संतुष्ट रहता हूँ, इसलिए सदैव ख़ुश और मस्त रहता हूँ। मुझे लगता हे कि जैसे भगवान हमेशा मुझ पर कृपा की बारिश करते रहते हैं।

राजा ने फिर पूछा- "तुम कितना कमा लेते हो और किस तरह बांटते हो?" युवक ने बताया- "मैं रोज एक रुपया कमाता हूँ। उसे चार जगह बाँट देता हूँ

- **पहले 25 पैसा अपने परिवार पर खर्च करता हूँ**

  अपना तथा अपने परिवार, पत्नी, बच्चों का भरण-पोषण करना, पेट भरने के लिए।

- **दूसरे 25 पैसे से पिछला कर्ज़ उतारता हूँ**

  अपने माता-पिता की सेवा के लिए उनके द्वारा किए गये हमारे पालन-पोषण का कर्ज़ उतारने के लिए।

- **तीसरे 25 पैसे का आगे क़र्ज़ देता हूँ**

  सन्तान को पढ़ा-लिखा कर क़ाबिल बनाने के लिए ताकि आगे वृद्धावस्था में वे आपका ख़्याल रख सकें।

- **चौथे 25 पैसे को कुएं में डालता हूँ**

  अर्थात शुभ कार्य करने के लिए दान, सन्त सेवा, असहायों की सहायता करने के लिए, यानि निष्काम सेवा करना, क्योंकि हमारे द्वारा किए गये इन्हीं शुभ कर्मों का फल हमें इस जीवन के बाद मिलने वाला है। इन कार्यों के लिए हमें चार पैसों की ज़रूरत पड़ती है।" **राजा को युवा अनपढ़ किसान की मस्ती का राज समझ में आ गया।**

13
प्रसन्न और शान्त कैसे रहें?

भिक्षु श्री आनन्द से किसी ने पूछा-

"आप इतने प्रसन्न और शान्त कैसे रहते हैं?"

उन्होंने मुस्कुराते हुए उत्तर दिया-

"जिसने अपने आने वाले कल की चिंता छोड़ दी, और जिसने अपने बीते हुए कल का भार खो दिया, वही आनन्द में है।"

इस बात में बहुत गहराई है जिसे समझना होगा।

शान्ति कहां है और कैसे मिलेगी?

हम शान्ति को बाहर की ओर खोजते हैं, भौतिक संसाधनों में खोजते हैं, मिथ्या चीज़ों में खोजते हैं; जबकि वास्तविकता में शान्ति हमारे अपने भीतर मौजूद है, उसे भीतर ही खोजने, तलाशने की आवश्यकता है।

शान्ति को बाहर खोजने से निराशा ही हाथ लगेगी।

अब प्रश्न है कि भीतर शान्ति को कैसे खोजा जाए?

इस हेतु दो पड़ाव हैं -

- स्थिर हो जाओ
- शांत हो जाओ

स्थिर होने के लिए निम्न प्रक्रिया अपनाओ-

वीणा के तारों की तरह अपने भीतर के तारों के कम्पन (vibration) को पहचानो,

उन्हें सुनियोजित करो,
उन्हें संतुलित करो और स्थिर हो जाओ।

14
खुद से प्यार करो- लव योरसेल्फ
स्वयं को जानें- खुद से प्यार करें

मैं हमेशा लोगों से सवाल करता हूं-

"आपका सबसे अच्छा दोस्त कौन है जो आपके साथ जन्म से मृत्यु तक रहेगा?"

लोग इसका सही जवाब नहीं दे पाते हैं।

सही जवाब है- आप 'स्वयं'।

सच्चाई यह है कि हम दुनिया भर का ज्ञान रखते हैं लेकिन कभी 'खुद' (स्वयं) के बारे में जानने-समझने की कोशिश भी नहीं की। कभी सोचा भी नहीं।

अरस्तु कहते हैं-

"स्वयं को जानना, सभी ज्ञान की शुरूआत है।"

तो 'स्वयं' की जानने की शुरूआत कैसे करें?

- हमेशा खुद से प्यार करें।
- हमेशा खुद पर विश्वास रखें।
- हमेशा खुद के साथ अच्छा व्यवहार करें।
- हमेशा खुद पर ध्यान दें।
- हमेशा खुद पर निवेश करें।
- हमेशा खुद अपने गुरू बनें।
- हमेशा खुद अपने प्रेरक बनें।
- हमेशा खुद को सर्वश्रेष्ठ बनायें।

खुद से सच्चा प्यार ही असली खुशियों की चाबी है।

जब आप खुद से प्यार करने लगोगे, तो आप अन्दर से चमकने लगोगे, प्रकाशवान बनोगे। तब आप उन लोगों को आकर्षित करेंगे जो आपको प्यार करते हैं, आपका आदर करते हैं और आपकी क्षमताओं को पहचानते हैं।

खुद को खुश रखना, आपकी सबसे बड़ी जिम्मेदारी है।

अपने बारे में मजाक में भी 'नकारात्मक' बातें न करें और न ही सोचें। आपका शरीर अंतर नहीं जानता। जो भी संदेह, अविश्वास और स्वयं पर दया (self pity) अनुभव करते हैं, सभी आपके मन और शरीर का नुकसान पहुंचायेगी। आप अपने बारे में हमें सकारात्मक बोलें।

अपने आप पर 'विश्वास' करें, अपनी विलक्षण क्षमताओं को पहचानें। आत्म विश्वास से जो भी कार्य करेंगे, वह आपका 'सर्वश्रेष्ठ' होगा।

आपके लिये कोई कार्य 'असम्भव' नहीं होता। अपने आप में निवेश करना आपके द्वारा किया गया अब तक का सबसे अच्छा निवेश है- रोबिन शर्मा

जब आप अपना ख्याल रखते हैं, खुद से अच्छा व्यवहार करते हैं, तो आप अच्छा महसूस करने लगते हैं, आप अच्छे दिखने लगते हैं और आप बेहतर आकर्षित करते हैं।

अतः 'खुद' को जानना और समझना अत्यन्त आवश्यक है जब आप खुद को जानने और समझने लगोगे तभी संसार को समझ पाओगे।

दुनिया पर विजय पाने के पहले खुद पर विजय पायें।

"खुदी को कर बुलन्द इतना कि हर तदबीर से पहले खुदा बन्दे से खुद पूछे, बता तेरी रजा क्या है"

अपने स्वयं के अनुभवों से स्वयं को खोजें।

अपनी ताकत को पहचानो, और खुद पर विश्वास रखो, सफलता खुद-ब-खुद तुम्हारे कदम चूमेगी।

15
अपना जीवन स्वयं जियो

- द्वेष मत रखो
- कभी मत सोचो कि दूसरे आपके बारे में क्या सोचते हैं
- जीवन को अपने नजरिए से देखो
- केवल एक चीज जो आपको रोक सकती है वह **आप** हैं
- जो जाना चाहता है जाने दो, रोको मत
- जो आपके लिए मायने रखता है, वह आपके साथ रहेगा
- रुचि रखें, जिज्ञासु रहें, अपनी स्वाभाविक प्रवृत्ति (instinct) पर भरोसा रखें
- अपनी उम्मीदों पर खरा उतरें। आप किसी चीज की अपेक्षा नहीं करते और वह सब कुछ स्वीकार करते हैं जो आपके जीवन को आरामदायक और आसान बनाता है
- अपना मित्र चुनें जो सकारात्मक हो और आपको सफलता के लिए प्रोत्साहित करे
- अच्छे विचार सोचो, अच्छे शब्द बोलो, अच्छे कर्म करो
- वह काम करें जिससे आपको खुशी मिले
- अपने जुनून को खोजें
- अपने सपनों को पूरा करें
- अपने प्रियजनों के साथ गुणवत्तापूर्ण समय बिताएं
- आपका जीवन आपका अपना है। कोई माफी नहीं, कोई दोषारोपण नहीं, कोई बहाना नहीं

- अपनी ख़ुद की ज़िंदगी जिएं!!! असीमित प्यार करें, खूब हँसें, खुशी और शांति फैलाएं

16
"जीवन का संतुलन"

संतुलित जीवन जीने का मतलब है अपनी ऊर्जा को उन चीजों के बीच समान रूप से वितरित करना जो आपको शारीरिक, मानसिक और भावनात्मक रूप से सहारा देती हैं।

जीवन इस बात का संतुलन है कि आप क्या पकड़ते हैं और क्या छोड़ते हैं। अपने दायित्वों और हितों के बीच संतुलन स्थापित करना है। अपने जीवन के सभी क्षेत्रों में सामंजस्य बिठाना बहुत जरूरी होता है।

आपके जीवन में महत्वपूर्ण क्षेत्र जहाँ आपको संतुलन करना आवश्यक हैं:

- स्वास्थ्य
- अध्यात्म
- वित्त/धन

- आजीविका
- आत्म विकास/विकास
- संबंध
- शौक/मनोरंजन

कार्य-जीवन संतुलन: आपके कार्य और व्यक्तिगत जीवन के बीच संतुलन

व्यक्तिगत संतुष्टि: स्वयं के साथ संतुष्ट और शांति महसूस करना

खुशहाली: खुश, स्वस्थ और उत्पादक महसूस करना

यह महत्वपूर्ण क्यों है?

संतुलन बनाए रखने से तनाव कम करने और उत्पादकता बढ़ाने में मदद मिल सकती है।

यह करियर की सफलता और समग्र कल्याण में भी योगदान दे सकता है।

संतुलन कैसे प्राप्त करें?

अपनी प्राथमिकताओं को पहचानें: विचार करें कि जीवन के कौन से पहलू आपके लिए सबसे महत्वपूर्ण हैं।

आप जिस चीज से प्यार करते हैं उसके लिए समय निकालें: वे चीजें करें जिनसे आपको खुशी मिलती है, जैसे शौक, दोस्तों और परिवार के साथ समय बिताना, या प्रकृति में सक्रिय रहना।

डिजिटल उपकरणों से दूरी बनाएं: अपने फोन, लैपटॉप और सोशल मीडिया से दूरी बनाएं।

आत्म-देखभाल का अभ्यास करें: पर्याप्त नींद लें, पौष्टिक भोजन करें और नियमित व्यायाम करें।

वास्तविकता का परीक्षण समाधान करता है, और लचीलापन अस्तित्व को परिभाषित करता है।

जादू इन तत्वों में सामंजस्य बिठाने में है - आश्चर्य को सबक में और ताकत को अपनी महाशक्ति में बदलना।

लेकिन क्या आप जीवन के इन तीन तत्वों का संतुलन बिठाने में महारत हासिल कर सकते हैं।

जीवन में संतुलन बनाए रखना तभी संभव है जब हम दूसरों से सीखने की कला अपनाएं लेकिन अपनी मौलिकता और विशेषताओं को बनाए रखें। अपनी सोच और कार्यों में स्वतंत्र रहना आवश्यक है ताकि हमारी स्वयं की पहचान न केवल बनी रहे बल्कि और भी मजबूत हो।

-प्रो. डॉ. अजय सिंह

17
जिंदगी ऐसी जिएं कि कोई अफ़सोस न हो

ईश्वर ने हमें एक ही जिंदगी दी हैं, जो अनमोल है।

हम अक्सर हमारी जिंदगी अपने परिवार के लोगों, समाज और आदर्शों के अनुसार जीते हैं, न कि हमारे मन और इच्छा के अनुसार जो बिल्कुल अलग होती हैं। इसलिए हम जीवन में अपने जुनून-इच्छा के अनुसार जीने के अवसर खो देते हैं, जिसका हमें अंत तक पछतावा रहता है।

जैसे-

- काश मैं दूसरों की उम्मीदों के अनुसार जीवन न जीकर, अपने जनून और इच्छानुसार अपना जीवन जी पाता।
- काश मैं दिल की प्यार की भावनाओं को उसे कह पता जिससे मैं बेहद प्यार करता था, जिसे मैं दिल से चाहता था।
- काश मैं मेरे काम और परिवार के बीच संतुलन रख पाता और अधिक से अधिक समय परिवार और बच्चों के साथ बिता पाता।
- काश मैं दोस्तों के साथ समय निकालकर उनसे खूब बातें करता और खूब मस्ती और आनन्द ले पाता।
- काश मैं पूरी दुनियाँ को देख और घूम कर आनंद ले पाता।
- काश मैं खुद से प्यार कर पाता, खुद के साथ अकेले में वक्त बिता पाता, मैं खुद से खुश रह पाता, मैं खुद पर यकीन कर पाता।
- काश मैं नौकरी नहीं करके व्यापार शुरू करके, धनवान बन पाता।
- काश मैं शेयर बाजार और रियल एस्टेट में जल्दी इन्वेस्ट कर पाता।
- काश मैं शरीर, मन और आत्मा को स्वस्थ रख पाता।

18
आज जिंदगी का आखिरी दिन हो....

"जिंदगी ऐसे जियो कि तुम कल मर जाओगे,
ऐसे सीखो कि आपको हमेशा जिन्दा रहना हैं"

-महात्मा गांधी

स्टीव जॉब्स अपनी असाधारण सोच के लिए मशहूर थे। उन्होंने स्टैनफोर्ड यूनिवर्सिटी के एक भाषण में कहा - "बचपन में मैंने कहीं पढ़ा कि यदि आज आपका आखिरी दिन हो तो आप केसा आचरण करेंगे? इसी बात ने उनके जीवन की सोच बदल दी। रोज सुबह आइने में देखकर वह खुद से पूछते, "आज मेरा आखिरी दिन हुआ, तो में कैसे जीऊँगा? यह विचार आते ही, हवा में उड़ने वाला मन, कई कल्पनाओं में बहने वाला मन, रुक सा गया।" इसी सूत्र ने जीवन के प्रति उनका रवैया बदल दिया। उन्होंने सफलता और विफलता को अधिक महत्व देना बंद कर दिया।

उनके अनुसार

"मृत्यु जीवन में घटने वाली सबसे बढ़िया घटना है।"

सच्चाई यह है कि

"मृत्यु कोई जीवन के अंत में घटने वाली घटना नहीं है,
यह पल-पल घट रही है।"

जीवन का हर क्षण मृत्यु के नजदीक ले जा रहा है।

"आपने साँस ली, जीवन आया,
दूसरी साँस बाहर हुई, मौत हुई।"

आपके जीवन में सभी का, एक दिन आखिरी दिन होगा और आपको पता भी नहीं चलेगा- कब। अकेले बैठकर सवाल करें कि आपके मरने के बाद कितने लोगों को फर्क पड़ेगा। जिन्हें फर्क पड़ेगा, केवल उनका ख्याल करें, बाकि सब को छोड़ दें।

सोचो कि आप मर चुके हैं। आपने अपनी जिंदगी जी ली। अब आपके पास जो भी समय बचा है, उसे सही ढंग से जी लो।

19
जिदंगी ऐसे जियो – बिल गेट्स

हँसो ऐसे कि आप 10 साल के हो।

पार्टी ऐसे करो कि आप 20 साल के हो।

घूमो ऐसे कि जैसे आप 30 साल के हो।

सोचो ऐसे कि जैसे आप 40 साल के हो।

सलाह ऐसे दो कि जैसे आप 50 साल के हो।

परवाह ऐसे करो कि जैसे आप 60 साल के हो।

प्यार ऐसा करो कि जैसे आप 70 साल के हो।

जियो ऐसे कि जैसे आज जिंदगी का आखरी दिन हो।

20
मैंने जीना सीख लिया है

अब मैंने अपना जीवन अपने जुनून, इच्छाओं और विकल्पों से जीना शुरू कर दिया। मैं जीवन को अपने नजरिए से देखता हूँ।

उन सभी चीज़ों को जाने दो, जो अब मेरी इच्छाएँ और ज़रूरत नहीं हैं।

जो कुछ भी वास्तव में मेरा है, वह मेरे साथ रहेगा। मुझे अपने जीवन का आनंद लेना पसंद है। मैं खुश, शांत और शांतिपूर्ण रहना चुनता हूँ।

मैं अपना जीवन पूरी तरह से जीता हूँ...

मैं हँसता हूँ,

मैं खुद से प्यार करता हूं,

मैं अपने आप में शांति से हूं,

मैं मस्ती में हूं,

मुझे अलौकिक आनंद महसूस हो रहा है।

21

जिंदगी ऐसे जिएं कि अंत भी खूबसूरत हो

हमारे जीवन के अंतिम वर्ष सबसे महत्वपूर्ण होते हैं, जहाँ हमें प्रसन्नता, संतोष और खुशियाँ मिलती हैं। वृद्धावस्था में ईश्वर के प्रति पूर्ण आस्था रखें, मन की शांति और सकारात्मक विचार रखें, दोस्तों के साथ खूब हँसे, मुस्कराहट बिखेरें, हमेशा जागरूक और कार्यशील (एक्टिव) रहें, प्रकृति का आनंद लें, जीवन और मृत्यु की सत्यता को समझने का प्रयास करें परन्तु आतुर और भयभीत न रहें। अगर हम यह समझ लें कि मृत्यु एक कटु सत्य है जिसे हम रोक नहीं सकते, तो हमारा जीवन आसान हो जायेगा।

मृत्यु को एक विश्राम समझना चाहिए, जो हमें हमारे कार्यशील जीवन के पश्चात् मिलता है ताकि पुनः एक नए जीवन के चक्र के लिए तैयार हो सकें।

एक कहावत हैं **"एक मुर्ख के लिए वृद्धावस्था तीखी सर्दी के समान है किन्तु एक बुद्धिमान के लिए यह सुनहरा अवसर है।"**

यह इस बात पर निर्भर करता है कि जीवन के प्रति हमारा दृष्टिकोण क्या है। वृद्धावस्था अपने उद्देश्य प्राप्ति, जीवन को पूर्णता की ओर ले जाने वाला और ईश्वर के प्रति श्रद्धा-विश्वास प्राप्त करने का एक सुअवसर है।

जीवन के इस खूबसूरत अवसर को सकारात्मक सोच एवं मस्ती-आनंद के साथ जिएं ताकि अंत भी खूबसूरत हो।

"उम्र को हराना है तो शौक जिन्दा रखिये,
घुटने चले ना चले, मन उड़ता परिंदा रखिये।"

22
मेरे अनुभव

अपने दिल और आत्मा को बेच कर,
जिंदगी मत जिओ।
जो इंसान पसंद न हो, उसके साथ मत रहो।
जो काम पसंद न हो, वह मत करो।
तुम्हारे दिल में जो भाव उठते हैं,
केवल उन्हें महत्व दो।
तुम्हारी ख़ुशी से बढ़कर,
दुनिया के कोई नियम, कानून, नीतियाँ
मायने नहीं रखती।

23
"क्या नहीं करना चाहिए" की भी सूची बनायें

हम अक्सर "कार्य सूची" (T0-Do-List) बनाते हैं

अब से हमें एक सूची बना लेनी चाहिए कि हमें क्या नहीं करना है। यह हमारे जीवन को सरल बनाने का बेहतरीन तरीका है। यह हमारे जीवन को सरल बनाने, क्या महत्वपूर्ण है और क्या नहीं, को प्राथमिकता देने का शानदार तरीका है। इससे हमारी उत्पादकता और खुशहाली में सुधार होगा।

टू-डू-सूची में इस बात पर ध्यान केंद्रित करें कि आप क्या हासिल करना चाहते हैं। (लक्ष्य) जबकि **नॉट-टू-डू सूची** में कार्य, आदतें और व्यवहार शामिल हैं, जिनसे आपको बचना चाहिए और जीवन से हटाने का प्रयास करना चाहिए। क्या नहीं करना है, इस पर ध्यान दें।

अमेरिकी उद्यमी टॉम फेरीज़ द्वारा सुझाया गया-

> "यदि आपको यह तय करने में परेशानी हो रही है कि क्या करना है, तो बस इस बात पर ध्यान केंद्रित करें कि क्या नहीं करना है।"

नॉट-टू-डू सूची से आपको स्वयं-सुधार में मदद मिलेगी, समय की बचत होगी और जिस लक्ष्य को हम प्राप्त करना चाहते हैं उस पर फोकस बढ़ेगा। उदाहरण के लिए करियर में सफलता, कंपनी के प्रदर्शन में सुधार, भविष्य की नई योजनाएँ बनाना, इत्यादि।

यह आपके जीवन में प्रमुख विकर्षणों (distractions), सीमाओं (limitations) और संदेह (doubts) को समाप्त कर देगा। बेहतर निर्णय लेने में

मदद करता है। उन विकर्षणों और बाधाओं की पहचान करें जो हमारे लक्ष्य को प्राप्त करने में बाधक हो सकते हैं।

हर उस चीज़ पर ध्यान केंद्रित करें जो आपको बेहतर, सफल और संतुष्ट जीवन जीने में मदद करेगी।

हम किसका इंतज़ार कर रहे हैं? शुरू करें और जो आप नहीं करना चाहते, उसकी सूची बनाएं। आप भी आनंद लीजिये।

अपनी कमजोरी, आलस्य, बुरी आदतें, बुरे रिश्ते, लापरवाही, हर अच्छी या बुरी बात पर प्रतिक्रिया करना, हठधर्मिता, बेकार का डर और भी बहुत कुछ को पहचानें।

उद्देश्य यह है कि इन आदतों को खत्म और नियंत्रित करके हम अपनी भलाई में सुधार कर सकेंगे और जीवन में खुशहाली ला सकेंगे।

इन सूचियों की नियमित रूप से समीक्षा करें और कोई आवश्यक सुधार करें या और जोड़ें।

जीवन में हमें "क्या-नहीं-करना" चाहिए

1. अपना सपना कभी मत छोड़ें

2. कभी भी हर किसी को खुश करने की कोशिश न करें

3. उन लोगों को कभी न भूलें जिन्होंने आपके कठिन समय में आपकी मदद की

4. कभी भी किसी को अपने जीवन पर नियंत्रण न करने दें

5. कभी भी अपने राज़ किसी को न बताएं.

6. कभी भी अतीत में मत जिएं

7. कभी भी अपने आप को अति समर्पित न करें

8. कभी भी किसी के प्रति बेईमानी न करें

9. कभी भी खुद को जिम्मेदारी लेने से न रोकें

10. असफलता से कभी मत डरें, असफलता सफलता की ओर पहला कदम है
11. कभी भी जहरीले रिश्ते में न रहें
12. कभी किसी को जज न करें
13. अपने प्रियजनों को कभी भी हल्के में न लें
14. अपने जुनून को कभी नजरअंदाज न करें
15. अपनी वित्तीय योजना को कभी भी नजरअंदाज न करें
16. कभी भी अनायास पैसा खर्च न करें
17. कभी भी नकारात्मक आत्म-चर्चा न करें
18. अपने विकास को कभी नजरअंदाज न करें
19. कभी हार मत मानें

24
अच्छे कार्य-जीवन संतुलन
(Work Life Balance)

"जीवन ठहराव और गति के बीच का संतुलन है।" -ओशो

"सभी परिस्थितियों में संतुलन बनाये रखना ही प्रसन्नता की चाबी है।"

जिंदगी जीने के लिए काम बहुत जरूरी है, साथ ही स्वस्थ रहने के लिए पर्सनल लाइफ स्पेस। स्वस्थ रहने के लिए इन दोनों में तालमेल बैठाना बेहद जरूरी है।

- **हर काम की प्राथमिकता तय करें**
  समझें अपनी प्राथमिकताएं- ऑफिस और पर्सनल लाइफ में अपनी प्राथमिकताएं निर्धारित करें। जो काम पहले जरूरी है, उसे पहले करना चाहिए और गैर जरूरी चीजों को बाद में करे। यह जरूरी है कि आप परिस्थिति के अनुसार अपनी प्राथमिकता तय करें।

- **आप अपनी पूरी दिनचर्या की सही प्लानिंग करें।**
  आपको सही तरीके से टाइम मैनेजमेंट करना चाहिए। टाइम मैनेजमेंट की सबसे पहली शर्त यही है कि आपको वक्त बर्बाद करने के बजाय इस पर फोकस करना चाहिए कि आप कहां और कितना समय दें। साथ ही वक्त को बर्बाद करने के बजाय समझें कि उसे कहां अधिक निवेश करना है। अपने खाने-पीने की प्लानिंग, अपने बच्चों के रुटीन और फिर ऑफिस पहुंच कर वहां के कामों को पूरा करने का प्लान पहले ही बना लें।

- **खुद के लिए भी वक्त निकालें**

  ऑफिस और फैमिली के लिए वक्त निकालते-निकालते खुद को समय देना न भूलें। अपनी हेल्थ के लिए खुद के लिए समय निकालना चाहिए। इस वक्त में जो काम आपको खुशी दे, वही करें। इससे आप खुद को और दूसरों को खुश रख पाएंगे।

- **हेल्थ पर करें फोकस**:

  फिजिकल और मेंटल हेल्थ और फिटनेस का ख्याल रखें।

- **बीच में लें काम से ब्रेक**

  टाइम-टु-टाइम काम से ब्रेक लेकर कहीं घूमने निकल जाएं।

- **टाइम को मैनेज करना सीखें**

  आप जानते हैं कि सबके पास एक निश्चित टाइम है इसलिए आपको टाइम को मैनेज करना सीखना होगा। क्योंकि अगर आप एक काम निश्चित समय पर नहीं कर पा रहे हैं तो आपको किसी दूसरे की मदद की जरूरत होगी। इसके लिए कभी न हिचकिचाएं। चाहे आपको ऑफिस के काम के लिए या डॉमेस्टिक हेल्प चाहिए तो जरूर मदद मांगिए वर्ना सब काम एक साथ मैनेज कर-कर के आप थक जाएंगे और हार मान लेंगे।

- **ऑफिस और पर्सनल स्पेस के बीच बाउंडरी यानी हदें निर्धारित करें**

  जैसे, ऑफिस में अपने निजी काम ना लाएं और इसी तरह घर में अपने पर्सनल स्पेस को प्रोफेशनल स्पेस ना बनाएं। बाउंडरी की लाइन एक बार हल्की होती है तो फिर उन्हें गहराना मुश्किल हो जाता है। ऐसा करने के लिए अपनी जिम्मेदारियों को सही तरीके से मैनेज करना जरूरी है।

- **अपनी हॉबी ना छोड़ें**

  जब हम नौकरी के साथ-साथ अपनी हॉबी पर ध्यान देते हैं तो हमें सिर्फ पैसे कमाना ही जिंदगी का मकसद नहीं लगता। अपने मनपसंद काम जिंदगी को और बेहतर बनाते हैं और कुछ ना कुछ नया करने की मन में उत्सुकता बनी रहती है।

- **छोटी-छोटी खुशियों को जीना शुरू करें**

  यह भी बेहद जरूरी है कि बड़ी खुशियों का इंतजार न करें। वक्त मिलते ही कम दिनों के लिए ही सही, वेकेशन पर जरूर जाएं। कहीं परिवार के साथ घूम आएं, कभी बाहर खाने पर चले जाएं या कभी फिल्म देख आएं। कुछ नहीं तो अपने घर के आस-पास वाले पार्क में ही घूम आएं। यह सब करने से आपको डेली के बोरिंग रूटीन से ब्रेक मिलेगा और आपका मूड भी फ्रेश हो जाएगा।

25
जीवन की परिभाषा

कभी ख़ुशी की आशा,

कभी मन की निराशा,

कभी खुशियों की धूप,

कभी हकीकत की छाँव,

कुछ खोकर, कुछ पाने की आशा,

शायद यही है जीवन की परिभाषा।

26
जीवन एक परीक्षा है

अपने जीवन में कभी भी एक दिन भी पछतावा मत करो
- अच्छे दिन (good days) आपको खुशी देते हैं।
- बुरे दिन (bad days) आपको अनुभव देते हैं।
- सबसे बुरे दिन (worst days) आपको सबक देते हैं।
- सबसे अच्छे दिन (best days) आपको यादें देते हैं।

दिन के अंत में वास्तव में जो मायने रखता है

वह यह है कि

आपके प्रियजन खुश है,

आपने अपना सर्वश्रेष्ठ किया है,

आप अंदर से शांति में हैं

जीवन एक परीक्षा हैं,

अपना सर्वश्रेष्ठ दो,

बाकी की परवाह मत करो।

27
जीवन एक सुअवसर है

मैंने आज सीखा है कि यदि जीवन अनिश्चित हो जाता है और मुझे नहीं पता कि आगे क्या होगा, तो जीवन जीने का सबसे अच्छा तरीका प्रवाह के साथ चलना है। जो कुछ भी आपके जीवन में आता है, उसे बिना प्रतिरोध के स्वीकार करना है। बिना किसी प्रश्न के पूर्णतः स्वीकार करें।

- जीवन एक अवसर है- इससे लाभ उठायें
- जीवन सौंदर्य है- इसकी प्रशंसा करें
- जीवन एक चुनौती है- इसे स्वीकार करें
- जीवन एक वादा है- इसे पूरा करो
- जीवन एक दुखांत घटना है- इससे मुकाबला करें
- जीवन एक गीत है- इसे गाएं
- जीवन बहुत कीमती है- इसे नष्ट मत करें
- जिंदगी जिंदगी है, इसके लिए लड़ाई लड़ें।

28
जीवन-संघर्ष: एक चुनौती

प्रत्येक व्यक्ति के जीवन में जन्म से लेकर मृत्यु तक एक न एक समस्या आती ही रहती है और उसे उनका सामना करना ही पड़ता है। तो यह कहना उचित ही है कि हमारा जीवन एक संघर्ष है। प्रश्न यह उठता है कि समस्याओं का किया क्या जाए?

समस्या छोटी हो अथवा बड़ी, शांतिपूर्वक विचार कर अपनी विवेक बुद्धि से काम लिया जाए तो कोई भी समस्या ऐसी नहीं है कि जिसका समाधान संभव नहीं।

समस्या जब व्यक्तिगत अथवा पारिवारिक हो, आपसी रिश्तों में आन्तरिक झगड़ा हो, तो यह उस रूप में गंभीर हो जाती है कि इसे और इसके परिणामों को लेकर हमारे मन में एक प्रकार का डर, एक प्रकार की पीड़ा उत्पन्न हो जाती है। कई बार ऐसी समस्या का कोई भी समाधान हमें नज़र नहीं आता।

यही हमारे जीवन-संघर्ष की चुनौती है।

यही हमारी असली परीक्षा भी है।

"ऐसी स्थिति में हमारे सामने दो विकल्प हैं, जिन पर हमें निर्णय करना होगा

पहला, या तो समस्या के समक्ष नतमस्तक होकर पूरी तरह से समर्पण कर दें; और दूसरा, समस्या को एक प्रकार की चुनौती समझते हुए उसे स्वीकार करें, उसका दृढ़तापूर्वक सामना करते हुए उससे संघर्ष करें और इस चुनौती को एक सुअवसर में बदलें।"

जीवन एक संघर्ष है, लेकिन हार मानने वालों के लिए नहीं। हर मुश्किल को चुनौती समझो और अपने सपनों को पूरा करने के लिए दृढ़ रहो। याद रखो, हर रात के बाद एक नई सुबह आती है।

यहां एक बात और महत्वपूर्ण है कि संघर्ष हमारे जीवन को रोचक (interesting) बनाता है। यदि हम संघर्ष में जीतकर निकल गये, तो हमारे जीवन की सार्थकता स्वयंमेव सिद्ध हो जाती है। इसे यों भी समझा जा सकता है कि हमारे जीवन में चुनौतियां एक प्रकार से उत्प्रेरक का काम करती हैं, जो हमारे भीतर छिपी योग्यता को खोजकर हमें मानसिक व शारीरिक रूप से सशक्त बनाती हैं। हमारे जीवन को प्रेरणा देती हैं, हमारे जीवन के दृष्टिकोण को बदलकर हमारी व्यक्तिगत एवं व्यावसायिक उन्नति में उल्लेखनीय योगदान देती हैं।

विश्व प्रसिद्ध वैज्ञानिक **स्टीव जॉब्स** बहुत महत्वपूर्ण बात बताते हैं कि -

"जीवन की समस्याओं व चुनौतियों को गंभीरतापूर्वक समझते हुए उन पर चिंतन करें और यदि आप उन्हें चिन्हित कर सकते हैं, तो ऐसा करने पर आपने समस्या का हल लगभग ढूंढ़ लिया है।"

किसी भी समस्या के तीन समाधान हो सकते हैं -

- स्वीकार करें,
- बदल दें,
- छोड़ दें।

या तो समस्या को पूरी तरह से स्वीकार कर लें।

स्वीकार नहीं कर पाते तो उसे बदल डालें।

बदल भी नहीं सकते तो उसे छोड़ दें।

बस, यह आवश्यक है कि **समस्या को साथ लेकर जिएं कभी नहीं।**

व्यक्तिगत अथवा पारिवारिक समस्याओं के मामले में यह ध्यान रखना चाहिए कि

> "यदि रिश्ता हमारे लिए आवश्यक है, तो बात को भूल जाएं, नज़रंदाज़ कर दें; किंतु यदि बात ही हमारे लिए आवश्यक हो, तो रिश्ते को भूल जाएं।"

क्षमा बड़न को चाहिए...

> अगर किसी समस्या का अंतिम हल हमें माफ़ी ही लगता हो, तो ऐसी स्थिति में माफ़ कर दो, अथवा माफ़ी मांग लो।

29
मुश्किलें नहीं आएंगी तो....

मुश्किलें नहीं आएंगी तो
निखरोगे कैसे,
कौन अपना है कौन नहीं,
समझोगे कैसे,
डरते ही रहोगे गिरने से
तो आगे बढ़ोगे कैसे,
तपोगे नहीं जब तक
तो सोने सा चमकोगे कैसे।

30
जीवन निरंतर परिवर्तनशील

समय के बारे में एक ही बात सही है कि वह बदलेगा। आज हमें दुःख है, तो कल अवश्य सुख की प्राप्ति होगी; और यदि आज सुख है, तो कल अवश्य दुःख मिलेगा।

> दुखस्य अनन्तरम् सुखम् आयाति,
> सुखस्यनन्तरम् दुखम् आयाति।

बुद्ध ज्ञान भी यही कहता है -

जीवन में कुछ भी स्थाई नहीं है। अपने आप को बहुत अधिक तनाव नहीं दें, क्योंकि स्थिति चाहे कितनी भी ख़राब हो, यह भी बदल जाएगा।

ममता शर्मा प्रदत्त सुविचार है कि,

> 'समय और भाग्य पर कभी अहंकार मत करो,
> क्योंकि ये परिवर्तनशील हैं।'

हम जानते हैं परिवर्तन संसार का नियम है। इन परिवर्तनों के फलस्वरूप केवल हमारे शरीर में ही बदलाव दृष्टिगत नहीं होता, बल्कि हमारे मनोभाव, हमारे सोच-विचार, संकल्प-धारणाएं, कामनाएं, संकल्पनाएं, आवश्यकताएं, योजनाएं, सब कुछ में बदलाव अवश्यंभावी है।

अक्सर देखा जाता है कि समय के अनुरूप हुए बदलावों को लेकर व्यक्ति असहज हो जाता है, इन बदलावों के साथ सामंजस्य नहीं बैठा पाता। इस हेतु इन परिवर्तनों को समझना आवश्यक है।

वे लोग बहुत भाग्यशाली होते हैं, जो समयानुरूप होने वाले परिवर्तनों को समझ पाते हैं और बिना विचलित हुए इन परिवर्तनों के साथ सामंजस्य बिठाकर स्वयं को संभाल पाते हैं।

जो लोग ईश्वर एवं गुरु को अपनी बुद्धि व हृदय सौंप देते हैं और जीवन में बदलावों को स्वीकार करते हुए निरंतर परिश्रम करते हैं, तन-मन से कर्म करने में लगे रहते हैं, भावनाओं में पवित्रता को अपनाये रहते हैं, वे सदैव प्रसन्नचित्त होकर सुख और संतोष से परिपूर्ण रहते हैं।

श्री सुधांशु जी महाराज के कथनानुसार,

"आयु और जीवन-शैली में सामंजस्य बनाए रखना ही व्यक्ति के स्वस्थ, समुन्नत एवं सुखी जीवन का राजमार्ग है।"

31
"आपकी सोच"

जिंदगी में हर चीज़ की शुरुआत, सबसे पहले आपके दिमाग में चिंतन मनन करके बनी सोच से होती हैं और आपका कार्य बाद में आता है। आपका कार्य, आपके विचारों, आपके विश्वासों और अवधारणा को अनुसरण करता है। बदलाव लाने, अपनी ऊर्जा को मुक्त करने के लिए, अपने दिमाग को सही और संतुलित करें और फिर कार्यवाही करें। आपको जो प्राप्त होगा, वह अद्भुत और अविश्वसनीय होगा।

32
विचार से व्यक्तित्व निर्माण

भगवान बुद्ध ने कहा है:

"हम जो कुछ भी हैं, वह हमारे विचारों का ही परिणाम है।"

जीवन एक प्रतिध्वनि है -

हमने सुन रखा है- जैसा बोवोगे, वैसा ही काटोगे,

जो आप अपनी ओर से दोगे, वही आपको मिलेगा,

प्रेम बांटोगे, तो बदले में कई गुना प्रेम की प्राप्ति होगी,

मुस्कुराहट बांटोगे, तो मुस्कुराहट वाले चेहरे मिलेंगे,

निष्कर्ष यह है कि ब्रह्मांड का नियम है - **जो कुछ भी आप ब्रह्मांड में भेजोगे, वही सब पुनः ब्रह्मांड से लौटकर आप ही के पास आएगा।**

इस प्रकार सम्पूर्ण जीवन एक प्रतिध्वनि ही है।

यहां तक कि यही नियम हमारे विचारों पर भी लागू होता है। जैसा हम सोचते हैं, वैसे ही बन भी जाते हैं। जैसे विचार हमारे मस्तिष्क में उठते हैं, वैसा ही हमारे साथ घटित होने लगता है। हमारे अपने विचार हमारे आस-पास के वातावरण की निर्मिति करते हैं, साथ ही हमारा व्यक्तित्व भी हमारे विचारों के अनुरूप ढलता जाता है। विचारों में स्वच्छता, सहृदयता, सकारात्मकता होगी तो वैसा ही हमारा व्यक्तित्व हो जाएगा। इसके विपरीत नकारात्मक विचार हमारे समग्र व्यक्तित्व को नकारात्मकता से भर देते हैं।

बच्चे को जन्म देने से पूर्व के नौ माह की अवधि में मां के आस-पास धार्मिक अथवा आध्यात्मिक वातावरण की निर्मिति हेतु भगवान तथा हँसते हुए बच्चों की तस्वीरें, अच्छी साहित्यिक पुस्तकें इत्यादि रखे जाते हैं; ताकि उस अवधि में माँ के मन और मस्तिष्क में अच्छे और आध्यात्मिक विचारों की निर्मिति हो तथा उन विचारों का सीधा प्रभाव जन्म लेने वाले बच्चे के व्यक्तित्व पर पड़ता है। इस प्रक्रिया में माँ और बच्चे, दोनों के व्यक्तित्व का निर्माण उनके विचारों द्वारा ही होता है।

इसका सबसे बड़ा उदाहरण प्रसिद्ध नाटककार डॉ. शंकर शेष ने अपने **नाटक "कोमल गांधार"** में दिया है। उनके अनुसार, गांधारी को जब विवाह मंडप में इस बात का पता लगा कि उसका होने वाला पति धृतराष्ट्र अंधा है और इस बात को उससे छुपाया गया है, तो गांधारी ने प्रतिशोध और अहंकार की नकारात्मक भावनाओं में बहकर स्वयं की आंखों पर भी आजीवन पट्टी बांधने का निर्णय किया; इसी का परिणाम था कि उसके सभी सौ पुत्र (कौरव) अहंकारी और नकारात्मक विचारों वाले पैदा हुए।

बीते हुए कल अर्थात अतीत में हमारे मन-मस्तिष्क में जिन विचारों ने घर किया, उन्हीं से हमारा आज अर्थात वर्तमान निर्मित हुआ है और इसी तरह वर्तमान में हमारे जिस तरह के विचार होंगे, उन्हीं के अनुरूप हमारे आने वाले कल अर्थात भविष्य का निर्माण होगा।

व्यक्तित्व के साथ ही हमारे भाग्य का निर्माण भी हमारे विचार ही करते हैं।

हमारे विचार सुखद् हैं, तो हम सुखी अनुभव करेंगे।

विचार दुखद् हैं तो हम दु:खी रहेंगे।

मन में डर का भाव रहेगा, तो हम भयभीत रहेंगे।

स्वस्थ विचारों के साथ हम भी स्वस्थ रहेंगे, जबकि अस्वस्थता के भाव हमें सदैव बीमार बनाए रखेंगे।

सफलता के बारे में सोचने से ही हमें सफलता मिलेगी,

अन्यथा असफलता के विचार निश्चित रूप से हमें असफलता का मुंह दिखाएंगे।

प्रकृति का यही नियम है कि हम जिस बात पर ध्यान देंगे, जो विचार मन में उठेगा, हमारी वह सोच, वह विचार ब्रह्मांड में सक्रिय हो जाएगा और उसी के अनुरूप हमारे जीवन पर उसका प्रभाव दृष्टिगत होने लगेगा।

इस प्रकार यह कहना बिल्कुल सही होगा **कि हमारे विचारों से ही हम अपने जीवन को स्वर्ग भी बना सकते हैं, अथवा विचारों से ही हमारा जीवन नर्क बन सकता है;** यह हम पर ही निर्भर है।

भगवद्गीता में भगवान श्री कृष्ण कहते हैं-

"जिसने अपने मन पर विजय प्राप्त कर ली, तो मन उसका मित्र हो जाएगा; किंतु जो ऐसा नहीं कर पाया, अर्थात जो अपने मन पर विजय प्राप्त नहीं कर पाया, तो मन उसका दुश्मन हो जाएगा।"

इस उद्धरण के अनुसार मन पर विजय प्राप्त करने का अर्थ ही यह है कि विचारों में शुचिता, शुद्धता, सकारात्मकता लाई जाए; और यह हमारे स्वयं पर ही निर्भर है।

33
भाग्य-निर्माता - आप स्वयं

सामान्यतः यह माना जाता है कि हमारे जन्म के समय ही परमात्मा हमारा भाग्य लिख देता है। जबकि वास्तविकता यह है कि परमात्मा कभी हमारे भाग्य नहीं लिखते।

जीवन के हर क़दम पर हमारी सोच, हमारा व्यवहार एवं हमारे कर्म ही हमारे भाग्य का निर्माण करते हैं।

हमारे भीतर का दृष्टिकोण, हमारी आदतें और हमारा व्यवहार स्वत: निर्मित होता है और वही हमारे जीवन की रचना करते हैं, उसे स्वरूप देते हैं और हम धीरे-धीरे उसी दिशा में आगे बढ़ते रहते हैं।

"मनुष्य स्वयं अपना भाग्य निर्धारित नहीं करता है। हम हमारी आदतें बनाते हैं और हमारी आदतें ही हमारे भविष्य का निर्धारण करती हैं।"

-एफ मैथियास अलेक्जेंडर (F. Mathias Alexander)

अपनी आदतों पर नियंत्रण करने हेतु हमें आध्यात्म का रास्ता अपनाना होगा। आध्यात्मिकता को अपनाने से धीरे-धीरे हम अपनी आदतों पर नियंत्रण प्राप्त कर सकते हैं और उनमें सुधार कर उन्हें अच्छा बना सकते हैं। तब हम अपने भाग्य पर स्वयं नियंत्रण कर सकेंगे। यह तब संभव होगा जबकि हमने अपने मन पर नियंत्रण प्राप्त कर उसे अपना मित्र बना लिया हो।

ईशा फाउंडेशन के सद्गुरु जग्गी वासुदेव जी के अनुसार,

"अगर आप अपना जीवन जागरूक होकर जीना शुरू करें, तो आप अपना भाग्य खुद लिख सकते हैं।"

भगवान श्रीकृष्ण कहते हैं-

"मैं किसी का भाग्य नहीं बनाता हूं, हर कोई अपना भाग्य खुद बनाता है। तुम आज जो कर रहे हो, उसका फल तुम्हें कल प्राप्त होगा। और आज जो तुम्हारा भाग्य है, वह तुम्हारे पहले किये कर्मों का फल है।"

34
अपनी प्रतिक्रिया (रिएक्शन) को नियंत्रित करें

> "जीवन में जो भी समस्या आती है, वह मात्र 10% हमारे कारण होती है; बाकी 90% हमारी प्रतिक्रिया के कारण होती है।"
>
> -चार्ल्स ओ. स्वीडोल

यदि आप जीवन में उत्पन्न किसी भी स्थिति अथवा किसी भी बात पर बिना विचार किए क्षणिक आवेग में तुरंत अपनी प्रतिक्रिया देते हैं, तो उसके फलस्वरूप आप कष्ट में रहेंगे। तुरंत प्रतिक्रिया देने की प्रवृत्ति यदि हमारी आदत बन जाती है तो हमारा जीना दूभर हो जाएगा।

वास्तव में देखा जाए तो हमारी समस्त समस्याओं का कारण हमारे द्वारा दी जाने वाली तुरंत प्रतिक्रिया ही हैं।

ऐसा क्यों होता है-

जब कोई व्यक्ति हमें कभी बुरे शब्द बोलता है, हमें भला-बुरा कहता है, अथवा किसी रूप में हमारा अपमान करता है, तो हम अपना मानसिक संतुलन खो बैठते हैं, हम आपे से बाहर हो जाते हैं, हम धैर्य नहीं रख पाते और बदले में हम भी सामने वाले को अपशब्द बोलने लगते हैं या मारपीट पर उतारू हो जाते हैं। इसका तात्पर्य यह हुआ कि **हमारा स्वयं पर कोई नियंत्रण नहीं है** जिसके कारण कोई भी व्यक्ति हमें अपनी बातों अथवा व्यवहार से उत्तेजित करके हम पर आसानी से अपना नियंत्रण कर लेता है। यही हमारे व्यक्तित्व की कमज़ोरी है कि अन्य कोई व्यक्ति किसी भी प्रकार से हमारी भावनाओं को नियंत्रित करने

की सामर्थ्य रखता है और हम आसानी से उसके नियंत्रण में होकर धैर्य खो बैठते हैं।

क्या करना उचित है:

ऐसे समय जब हमें लगता है कि कोई व्यक्ति हमें अपमानित कर रहा है या कि हमें बुरा-भला कह रहा है, तो तुरंत प्रतिक्रिया व्यक्त नहीं करते हुए धैर्य का परिचय दें और शांत भाव रखते हुए उस समय बिल्कुल चुप रहें। फिर शांति से तर्क पूर्वक चिंतन करें कि ऐसा क्यों हुआ? गहराई से उसके कारणों को जानने का प्रयास करें। तब तक अपनी आंतरिक क्षमता से अपनी प्रतिक्रिया पर नियंत्रण रखें। इस हेतु ऐसा करके देखें कि गहरी सांस लेकर कुछ देर शांत रहें और कोशिश करके होंठों पर मुस्कुराहट ले आएं।

आप देखेंगे कि आपके इस व्यवहार का सामने वाले व्यक्ति पर विपरीत प्रभाव पड़ेगा और वह जल-भुन कर राख हो जाएगा, क्योंकि वह हम पर नियंत्रण करने में सफल नहीं हो पाया। उसका हृदय परिवर्तन भी हो सकता है और वह हमारे शांत व्यवहार से प्रभावित होकर हमसे मित्रवत व्यवहार कर सकता है।

ऐसे व्यवहार के लिए चिकने घड़े के समान स्वयं को बना लें, जिस पर कोई भी समस्या, कोई भी दुर्व्यवहार या कैसे भी बुरे शब्द टिक नहीं सकें और हम प्रसन्नचित्त होकर अपना जीवन अपने अनुसार जी सकें।

35
विष-वमन से दुःख आमंत्रण
"तीन जहर से दूर रहें"

लोभ, क्रोध, और अज्ञान - इन तीन ज़हरीले मनोभावों से सदैव दूर रहें।

ये तीनों मानव के दुःखों का मूल कारण हैं और हमें आत्मज्ञान (अंतर्ज्ञान) प्राप्त करने से रोकते हैं।

पहला विष **लालच** है, जिसकी कोई सीमा नहीं है। यह कभी समाप्त नहीं होता। जब हम इससे प्रभावित होते हैं, तो प्राप्ति के बाद भी और अधिक की चाहत बढ़ती रहती है और यह ख़त्म होने का नाम ही नहीं लेती।

दूसरा विष **गुस्सा** है। हम किसी मामूली सी बात पर भी क्रोधित हो जाते हैं और हम स्वयं पर नियंत्रण खो बैठते हैं, जिसके फलस्वरूप हम किसी अन्य पर अपना गुस्सा निकालते हैं जो कि किसी भी स्थिति में उचित नहीं है।

तीसरा विष **अज्ञानता** (Ignorance) है, जो कि मूर्खता की एक अवस्था है। अज्ञानता हमारे सामान्य ज्ञान (Common sense) की कमी अथवा शिक्षा (Education) की कमी के कारण नहीं होती, बल्कि हमारे अंदर वास्तविक समझ, स्वरूप, और अंतर आत्मा की आवाज को समझने की कमी और हममें विवेकपूर्ण चिंतन के अभाव के कारण होती है।

जब तक हम हमारे मन में इन तीनों का विष-वमन होने देंगे, अर्थात इन तीनों ज़हर से मन को शासित होने देंगे, तब तक जीवन में कभी शांति का अनुभव नहीं कर सकेंगे।

इसके विपरीत, इन तीनों ज़हर या सांसारिक बंधनों को जितना दूर रख सकेंगे, उतना ही हम जीवन में खुशी और स्वतंत्रतापूर्वक रह सकेंगे।

36
उलझो मत, सुलझो

अगर हर व्यक्ति आपसे खुश है, तो इसका मतलब है कि आपने जीवन में कई समझौते किए हैं; और अगर आप हर किसी के साथ खुश हैं, तो निश्चित रूप से आपने दूसरों की गलतियों को नज़रंदाज़ किया है।

क्या सही है, और क्या ग़लत, इस बात पर हमें ध्यान नहीं देना चाहिए। जीवन में चीजों को सही या ग़लत के रूप में परिभाषित करने की कतई आवश्यकता नहीं है। इस बात को केंद्र में रखने से हम किसी भी प्रकार के संघर्ष से बचे रह सकते हैं।

दो पक्षों के मध्य समझौते के बिंदु ढूंढकर सह-अस्तित्व में रहने का यह एक अच्छा तरीका है।

विवाह व्यवस्था क्या है - सही मायनों में विवाह पूरी तरह से किन्हीं दो के मध्य उनकी सहमति से किया गया समझौता ही है। दो पक्षों की सहमति से किए गए इस समझोते के अंतर्गत, वर-वधु द्वारा एक-दूसरे के लिए कुछ त्याग और समर्पण करने की बनाई गई व्यवस्था है, उस स्थिति में भी जब कि कोई एक इस हेतु अनिच्छुक ही है।

समझौते का सही अर्थ साझा करना और
एक-दूसरे का सहयोग करना है।

यह हमें एक-दूसरे से बांधता है।

सामान्यतः देखा गया है कि कई बार रिश्तों के बीच दरार आ जाती है, दूरियां हो जाती हैं, रिश्ते बिखर जाते हैं, टूट जाते हैं। इसका कारण है कि कोई भी पक्ष झुकने को तैयार नहीं होता। रिश्तों को बचाए रखने के लिए किसी एक पक्ष को झुकना पड़ता है। रिश्ते टूट जाएं इससे बेहतर है कि थोड़ा झुक जाएं।

हाँ, यह अवश्य है कि अपने आत्मसम्मान और अपने सिद्धांतों के साथ कभी समझौता नहीं करना चाहिए। जहाँ आत्मसम्मान अथवा सिद्धांत की बात हो, तो झुकना सही नहीं होगा।

कई बार किसी के झुकने को उसकी कमज़ोरी समझ लिया जाता है और दूसरा पक्ष इस विनम्रता का ग़लत फायदा उठाने लगता है। ऐसी स्थिति में विनम्रता को त्याग देना चाहिए और झुकने से बचना चाहिए।

"झुकने से यदि आपके रिश्ते सुधर जाते हैं, तो झुक जाओ; लेकिन बार-बार झुकना पड़े, तो रूक जाओ।"

-संत गौर गोपाल दास

37
चिंता नहीं, चिन्तन करें

इस संसार में कोई भी व्यक्ति ऐसा नहीं है, जिसे किसी न किसी प्रकार की चिंता नहीं है। प्रत्येक व्यक्ति किसी न किसी चिंता से ग्रसित है -

अमीर व्यक्ति को शान की चिंता

ग़रीब को दैनिक खुराक की चिंता

व्यवसायी को नुक्सान की चिंता

मुसाफिर को सामान की चिंता

विद्यार्थी को परीक्षा की चिंता

नेता को कुर्सी की चिंता

आदि-आदि

इस प्रकार देखें तो हर कोई किसी न किसी रूप में चिंतित ही नजर आता है। किंतु विचारणीय प्रश्न यह है कि चिंता करने मात्र से क्या किसी समस्या का समाधान संभव है? नहीं, कतई नहीं।

समस्या का समाधान उस पर मनन करते हुए प्रयास करने से होता है। तब फिर चिंता करने से हासिल क्या, इसका लाभ क्या?

मनुष्य शरीर के लिए चिंता एक प्रकार का धीमा ज़हर (slow poison) है। हमें पता ही नहीं चलता और चिंता हमारे शरीर को धीरे-धीरे खोखला करती जाती है। अधिक समय तक चिंता को मन में चिपका कर रखने से शारीरिक रोग हो सकते हैं, निरंतर मानसिक तनाव रहने से भविष्य में हम अवसादग्रस्त (depression) हो सकते हैं और भयानक बीमारियों के उत्पन्न होने का ख़तरा

बना रहता है। चिंता हमारे मनोबल तथा हमारे सोचने-विचारने की शक्ति को नष्ट कर देती है।

इस बात को संत कबीर दास जी ने अपने शब्दों में उचित रूप से समझाया है -

"चिंता से चतुराई घटे, दुःख से घटे शरीर;
पाप किए लक्ष्मी घटे, कह गए दास कबीर।"

हम यह बात भी सुनते आए हैं कि चिंता चिता समान है, बस एक बिंदी का ही फर्क है। किंतु मैं तो कहूंगा कि चिंता चिता से भी बढ़कर है।

चिंता ने चिता से मुस्कुराते हुए कहा-

- तू मुर्दों को जलाती है, मैं ज़िन्दों को जलाती हूं।

- तू एक बार जलाती है, मैं बार-बार जलाती हूं।

- तू व्यक्ति को विदा कर देती है, मैं व्यक्ति को जकड़ लेती हूं।

- तू मृत्यु से जुड़ी है, मैं ज़िन्दगी से जुड़ी हूं।

- तू अंतिम सत्य है, मैं प्रथम सत्य हूं।

स्वामी विवेकानन्द जी ने भी इस बात पर विशेष बल दिया है कि,

"चिंता नहीं, चिन्तन करो; नये विचारों को आयाम दो।"

चिंता हमको जला देती है परंतु चिन्तन हमको प्रज्वलित कर देता है।

चिंता हमको कोई समाधान नहीं प्रदान करती बल्कि समस्या ही देती है।

चिन्तन समस्याओं का समाधान प्रदान करता है

जबकि चिंता जीवन को अँधेरे में धकेल देती है।

चिन्तन जीवन को प्रकाश की तरफ ले जा ता है।

निरंतर चिंतित रहने से हमारी ऊर्जा नष्ट हो जाती है और फलस्वरूप हमारे विचार बाधित हो जाते हैं। इस कारण हम जीवन में प्रगति नहीं कर पाते।

अपेक्षित यह है कि हमें चिंता पर रोक लगाने के लिए उससे लड़ना सीखना होगा। चिंताओं का निडरतापूर्वक सामना करना होगा। हमें इस बात का स्मरण रखना होगा कि जो चिंता का सामना नहीं करना जानते, जो चिंता से लड़ना नहीं जानते, वे जवानी में ही मर जाते हैं। उनका निरंतर शारीरिक और मानसिक पतन होने लगता है। वे लम्बी उम्र नहीं जी सकते।

चिंता समम् नास्ति शरीर शोषणम्

अतः जो कुछ भी हमारे हाथ में ही नहीं है, जिस पर हमारा वश ही नहीं है, उसको लेकर न तो चिंतित हों और न ही किसी प्रकार का विचार ही करें।

चिंता उतनी ही करो कि हमारा काम हो जाय; ना कि काम तमाम हो जाए।

38
लोग क्या कहेंगे (LKK) फोबिया

विश्व प्रसिद्ध वैज्ञानिक स्टीव जॉब्स का कहना है,

"आपका समय सीमित है, इसे किसी और की ज़िंदगी जीकर बर्बाद मत करो।"

हम जीवन भर कोई भी क़दम उठाते हुए अथवा कोई भी कार्य करते हुए पहले मन में यह विचार करते हैं कि 'लोग क्या कहेंगे'। इस विचार के साथ ही हम अन्य लोगों की भावनाओं को ध्यान में रखते हुए अपने कार्य करते हैं, जिससे हमारे अपने मन की तो कभी कर ही नहीं पाते।

असल में यह सोच 'लोग क्या कहेंगे' (LKK) एक प्रकार का फोबिया है, जो हमारी स्वतंत्रता/स्वच्छंदता पर रोक लगाता है और हमारे निश्चय/निर्णयों को नकारात्मक रूप से प्रभावित करता है।

हमारे पास अपनी रूचि, अपनी मर्ज़ी का काम करने को एक ही ज़िन्दगी है और उसे ही हम इस फोबिया के प्रभाव में आकर उन कामों से वंचित रह जाते हैं, जो वास्तव में हम करना चाहते हैं, जो हमारा जुनून है। हम इस फोबिया के प्रभाव में आकर अपना समय और ऊर्जा नष्ट कर देते हैं।

वे कौन लोग हैं जो हमारे इस फोबिया का कारण बनते हैं। ये लोग हमारे अपने रिश्तेदार, पड़ोसी, मित्र और जान-पहचान वाले ही होते हैं। इन सभी से हमारा रोज़ का काम पड़ता है और हमारे जीवन का ज़रूरी हिस्सा होते हैं। हम इन्हें नज़रंदाज़ नहीं कर सकते। इन्हीं लोगों के कारण हमारे सपने, हमारा जुनून, हमारी इच्छाएं प्रायः अधूरी रह जाती हैं और जिसका हमें ज़िन्दगी भर पश्चाताप रहता है।

सही रास्ता यह है कि अपनी पसंद के अनुसार ही हमें अपने कार्य को क्रियान्वित करना चाहिए, बिना इस बात की परवाह किए कि लोग क्या सोचेंगे।

पहले दिन लोग हम पर हँसेंगे,

दूसरे दिन हमारा मज़ाक बना सकते हैं,

तीसरे दिन के बाद धीरे-धीरे लोग इसे भूल जाएंगे।

अतः लोगों की बात पर ध्यान नहीं देना चाहिए और न ही उनकी परवाह करनी चाहिए।

जिस काम को करने से हमें खुशी मिलती है, हमारा मन प्रसन्न होता है, जिससे हमें संतुष्टि मिलती है और हमारे अनुसार वह काम हमारे लिए सही है, तो वही हमें करना चाहिए।

याद रहे, ज़िन्दगी हमारी है, लोगों की नहीं और हमें वही करना है, जो हम मन से करना चाहते हैं।

"लोग क्या कहेंगे" जैसी सोच और उससे डर ने कितने लोगों के सपनों को ख़तम किया हैं, जितना दुनिया में किसी सोच ने नहीं किया हैं। यदि हम इस बात पर ध्यान देंगे कि लोग क्या कहेंगे या क्या सोचेंगे तो हमें ज़िन्दगी भर पश्चाताप की आग में जलना होगा।

39
दूसरों पर नियंत्रण

दुनिया में हर किसी के अपने विचार हैं, अपना व्यवहार है, अपने तरीके हैं काम करने के। हर व्यक्ति में कोई न कोई अच्छाई है, तो कोई न कोई बुराई या कमी भी है; इस तरह कोई भी व्यक्ति अपने आप में पूर्ण नहीं है। हर एक के सोचने-विचारने की एक सीमा होती है और आवश्यक नहीं कि दो लोगों की सोच एक जैसी ही हो।

हम जीवन में कई बार इस बात को लेकर परेशान हो जाते हैं कि सामने वाला हमारी तरह ही क्यों नहीं सोच रहा है या कि वह हमें समझ क्यों नहीं रहा है। और इसी परेशानी को लेकर हम अपनी ऊर्जा व समय नष्ट करते हैं। हम जानते ही नहीं कि हम दूसरों पर नियंत्रण क्यों करना चाहते हैं। क्यों दूसरों के व्यवहार का विश्लेषण करके निष्कर्ष निकालने की असफल कोशिश करते रहते हैं?

एक सच, जिसे हम समझ ही नहीं रहे हैं कि हमारा दूसरों पर किसी तरह का कोई नियंत्रण नहीं है। ईश्वर ने हमें इस धरती पर दूसरों की गतिविधियों को नियंत्रित करने के लिए नहीं भेजा है।

कभी विचलित नहीं हों -

कोई हमें **अनदेखा** कर रहा है, तो उसे करने दो।

कोई हमें **छोड़कर** जा रहा है, तो उसे जाने दो।

कोई हमारी **बात नहीं मान** या नहीं समझ रहा है, तो रहने दो।

'जो हो रहा है, होने दो' का सिद्धांत अपनाएं।

किसी दूसरे को रोकने अथवा उस पर नियंत्रण करने की कोशिश न करें। यह न केवल हमें भावनात्मक रूप से मुक्त करेगा बल्कि लोगों के असली चेहरों की पहचान भी कराएगा। हमारे प्रति सामने वाले की भावनाओं का सही आंकलन करने में भी मदद करेगा। इस प्रकार से उन्हें हम सही तरीके से समझ भी पाएंगे। इसी तरह से हम जीवन में बेहतर लोगों का चयन करने में सक्षम हो सकेंगे; वे लोग जिन्हें हम जीवन भर साथ रखना चाहते हैं, अपने जीवन का अभिन्न अंग बनाना चाहते हैं।

किसी की नकारात्मक भावनाओं का सबसे अच्छा प्रत्युत्तर यह है कि उसे नज़रंदाज़ कर दें, उस पर ध्यान ही नहीं दिया जाए। न कोई प्रतिक्रिया, न कोई कार्यवाही, न कोई तक़रार। उसे उसके हाल पर छोड़ देना ही हमारी सच्ची शक्ति है।

40
नकारना - एक कला
"ना" कहने की कला सीखे

> "जब आप दूसरों को 'हां' कहते हैं, तो यह सुनिश्चित है कि आप स्वयं को 'नहीं' नहीं कह सकते।"
> -पाउलो कोएल्हो (Paulo Coehlo)

किसी को किसी बात के लिए 'ना' कहना भी एक कला है। किसी को जवाब देने से पहले सोचें, फिर बताएं कि आपके लिए यह संभव नहीं है। 'ना' भी इस प्रकार करें कि सामने वाले को बुरा न लगे।

स्वयं को दोषी (Guilty) महसूस किए बिना 'ना' कहने की कला आपको आनी चाहिए।

जीवन में यह कतई उचित नहीं है कि झिझक के कारण, लिहाज़ वश, अथवा सामने वाले के बुरा मानने के डर से आप हर बात में 'हां' ही कहें, भले ही आपको इसमें बहुत परेशानी का सामना करना पड़े। ऐसे किसी भी उद्देश्य हेतु 'ना' अवश्य कहें, जो आपको दुःखी और अपराधबोध कराती हो; साथ ही अनावश्यक रूप से आपकी ऊर्जा नष्ट कराती हो।

> "जीवन में आधी परेशानियों का कारण बहुत जल्दी 'हां' कहना और उतनी ही जल्दी 'ना' नहीं कहना है।"
> -जोश बिलिंग (Josh Billing)

जब भी ऐसी स्थिति बने कि आपको 'ना' कहना आवश्यक लगे, तो राजनयिक (Diplomatic) तरीके अपनाएं, जैसे -

"मुझे अच्छा लगता यदि मैं आपके लिए कुछ कर पाता, पर यक़ीन मानिए, मैं वाकई मज़बूर हूं।"

यदि आप अपने जीवन और अपने समय पर बेहतर नियंत्रण चाहते हैं, तो आपको यह सीखना होगा कि किसी काम के लिए मना करना है, तो बेहतर तरीके से 'ना' कैसे किया जाए।

यदि आप हर अवसर, निमंत्रण, और कार्य, जिसे करने हेतु आपको कहा गया है, के लिए 'हां' ही कहते हैं, तो जल्दी ही आप इन सबका 'बोझ' अनुभव करने लगेंगे और स्वयं को बहुत परेशानी में डाल लेंगे। दूसरों को हमेशा खुश रखने के लिए आप अपने आप को खो देंगे।

झूठ का सहारा कभी नहीं लें। झूठे बहाने भी नहीं बनाना है।

किंतु किसी व्यक्ति को बिना ठेस पहुंचाए, शालीनता के साथ 'ना' कहना सीख लें।

इससे रिश्तों को बनाए रखते हुए कभी परेशानी भी अनुभव नहीं करेंगे।

41
'इनकी' वापसी संभव नहीं...

कमान से निकला तीर, ज़ुबान से निकला शब्द और हाथ से फेंका गया पत्थर कभी लौटकर नहीं आता।

द्रौपदी के कहे शब्द, **"अंधे का बेटा अंधा ही होता है"** ने दुर्योधन के मन में ग्लानि, घृणा, और क्रोध का बीज इस क़दर बोया कि परिणामस्वरूप महाभारत का युद्ध तक हुआ और कौरव वंश का समूल अंत हो गया।

एक सुअवसर खोने का डर:

FOMO: फियर ऑफ़ मिसिंग ओकेजन का प्रभाव

जैसे शेयर बाजार के सौदों में हम कई बार देखते हैं कि एक शेयर जो अधिक गिर गया है, हम उसे खरीद नहीं पाते और वही शेयर बाद में कई गुना बढ़ जाता है। तुरंत निर्णय नहीं लेने के कारण हमें बाद में अफसोस होता है। जीवन में भी हम ऐसे कई अवसर खो बैठते हैं, जहां हम तुरंत निर्णय नहीं लेने से पीछे रह जाते हैं।

किसी युवती से प्रेम है, किंतु सही समय के इंतजार में अथवा झिझक के कारण उससे यह बात कह नहीं पाते; और उसका विवाह अन्य किसी के साथ निश्चित हो जाता है तथा हमें जीवन भर इसका पछतावा होता रहता है।

किसी अच्छी मिली नौकरी को पारिवारिक अथवा अन्य किसी कारण से स्वीकार नहीं करते और ज्वाइन करने से रह जाते हैं, तो बाद में पछताने के अतिरिक्त कुछ नहीं हो सकता।

किसी मामूली बात को लेकर मित्र से थोड़ी बहस हो गई और मित्रता तोड़ दी, पर समय पर माफी मांगने से हिचकिचाते रहे; ऐसी स्थिति में एक अच्छे मित्र को हमेशा के लिए खो बैठते हैं।

समय बहुत अनमोल है। बीता हुआ समय लौटकर नहीं आता। इसकी कीमत को समझना होगा। जो कुछ करना है, कोई निर्णय लेना है, आज और अभी ही करना है।

संत कबीरदास जी का भी कहना है-

> **"काल करे सो आज कर, आज करे सो अब;**
> **पल में परलय होएगी, बहुरी करेगा कब।"**

विश्वास बहुत बड़ी चीज है। एक बार किसी पर से विश्वास उठ गया, तो उसे वापस पाना बहुत मुश्किल है।

पति-पत्नी के बीच का विश्वास, दो मित्रों के बीच का विश्वास, कंपनी में अधीनस्थ कर्मचारियों व अधिकारियों के बीच का विश्वास बनाए रखना आवश्यक है। एक बार विश्वास टूट गया, तो वापसी संभव नहीं।

42
अपेक्षा नहीं - उपेक्षा नहीं

सभी के दिलों के दर्द की जड़ 'उम्मीद' है

"Expectation is the root of all Heart Ache"
-विलियम शेक्सपियर (William Shakespeare)

शेक्सपियर का यह भी कहना है -

"मैं हमेशा खुश रहता हूं;

क्या आप जानते हैं क्यों?

क्योंकि मैं किसी से किसी प्रकार की उम्मीद कभी नहीं करता।"

जीवन में किसी से अपेक्षा करना ही हमारे दुःखों का मूल कारण है।

हम उपेक्षित उस स्थिति में ही अनुभव करेंगे, जब हमने किसी से कोई अपेक्षा रखी हो और वह पूरी नहीं हुई हो। जब अपेक्षा ही नहीं करेंगे तो उपेक्षित अनुभव करने का सवाल ही नहीं उठता।

उम्मीद हमेशा तकलीफ देती है, हमारा दिल दुखाती है, हमें भीतर ही भीतर चोट पहुंचाती है।

ज़िन्दगी बहुत छोटी है, इसे अपने तरीके से अपनी खुशी के लिए जियो। अपने आप से प्यार करो।

अपने आप से उम्मीद रखो, किसी और से नहीं।

एक बार स्टीफन हॉकिंग्स से टाइम्स मैगजीन के एडीटर ने प्रश्न किया,

"आप हमेशा खुश कैसे दिखते हैं?"

उनका उत्तर बहुत रोचक और प्रेरणास्पद है।

उन्होंने कहा:

"जब मैं मात्र 21 वर्ष का था, तभी मेरी सारी उम्मीदें शून्य हो गई थी। तब से हर चीज मेरे लिए बोनस ही रही है।"

यदि हम किसी से कोई उम्मीद ही नहीं रखेंगे, तो हम नाउम्मीद भी कैसे होंगे, हमारे पास खोने को भी क्या होगा। बस, यही सोच हमारे भविष्य में पछतावों (regrets) को कम करने का काम करेगा और हम बिना उम्मीदों के अपने जीवन का असली आनंद उठा सकेंगे।

"मैं दूसरों से कोई अपेक्षा नहीं रखता, इसलिए उनके कार्य मेरी इच्छाओं के विपरीत नहीं हो सकते।"
-स्वामी श्री युक्तेश्वर

(एक योगी की आत्मकथा)

43
जीवन का मूल मंत्र क्या है?

- खर्च करना है तो कमाना सीखो
- बोलने से पहले सुनना सीखो
- लिखना है तो सोचना सीखो
- हार मानने से पहले फिर से कोशिश करना सीखो
- मरने से पहले खुल के जीना सीखो
- अगर पूजा करते हो तो विश्वास करना सीखो
- जिन्दगी में दो चीजें हमेशा टूटने के लिए ही होती हैं 'साँस और साथ'। साँस टूटने से इंसान एक ही बार मरता है लेकिन किसी का साथ टूटने से इंसान पल-पल मरता है।
- जरूरत के मुताबित जिंदगी जिओ, ख्वाहिशों के मुताबिक नहीं क्योंकि जरूरत तो फकीरों की भी पूरी हो जाती है परन्तु ख्वाहिशें बादशाहों की भी अधूरी रह जाती हैं।
- जीवन का सबसे बड़ा अपराध किसी की आँखों में आपकी वजह से आंसू होना और जीवन की सबसे बड़ी उपलब्धि है किसी की आँखों में आंसू आप के लिए होना।
- मनुष्य सुबह से शाम तक काम करके उतना नहीं थकता जितना क्रोध और चिंता से एक क्षण में थक जाता है।

- कभी भी कामयाबी को दिमाग और नाकामी को दिल में जगह नहीं देनी चाहिए। क्योंकि कामयाबी दिमाग में घमंड और नाकामी दिल में मायूसी पैदा कर देती है।
- जीवन का अंतिम सत्य क्या है?
- जीवन एक झूठ है, मृत्यु एक सच्चाई है!!

निष्कर्ष:

यदि हम अपने अंदर अच्छे विचारों को जगह देते हैं तो उन अच्छे विचारों से बहुत से और अच्छे विचार हमारे मन में उत्पन होते हैं। इसी प्रकार हमारे अंदर कुछ ऐसे विचारों की भीड़ इकट्ठी हो जाती है जो हमें अच्छे निर्णय लेने के लिए प्रेरित करती है।

यदि विचार अच्छे होंगे तो हमारे निर्णय भी हम अच्छे ही ले पाएंगे जो जीवन रूपी अवसर को एक अच्छे अवसर में बदल देते हैं और जीवन में सफलता प्राप्त कर सकते हैं। हमें यकीन है कि आपको हमारा ये जीवन के प्रति नजरिया समझ आया होगा और अच्छा भी लगा होगा।

खुश रहें, मुस्कुराते रहें और और जीवन का हर लम्हा जिएं।

44
बुरा वक्त आये तो क्या करें?

जीवन के तूफ़ानों के बीच, जब आशा की हर किरण पर अंधेरा छाने लगता है, भगवान कृष्ण की शिक्षाएँ एक मार्गदर्शक प्रकाश प्रदान करती हैं। भगवान कृष्ण हमें कठिन समय के दौरान क्या करने की सलाह देते हैं।

विपत्ति के समय में, कल क्या होगा इसकी चिंता हमारे विचारों को ख़त्म कर सकती है और हमारी आत्माओं को ख़त्म कर सकती है। कृष्ण हमें याद दिलाते हैं कि भविष्य स्वाभाविक रूप से अनिश्चित है और हमारे नियंत्रण से परे है। डर और आशंका के आगे झुकने के बजाय, वह हमें ब्रह्मांड की दिव्य व्यवस्था में विश्वास पैदा करने के लिए प्रोत्साहित करते हैं। अपनी चिंताओं को उच्च शक्ति को सौंपकर और हाथ में लिए गए कार्यों पर ध्यान केंद्रित करके, हम अनुग्रह और लचीलेपन के साथ अशांत समय से गुजर सकते हैं।

अतीत को भुलाकर और आगे आने वाले अवसरों को अपनाकर, हम एक उज्जवल भविष्य का मार्ग प्रशस्त करते हैं।

आत्म-चिंतन करें

विपरीत परिस्थितियों की अराजकता के बीच, खुद को और अपनी आंतरिक यात्रा को नज़रअंदाज़ करना आसान है। हालाँकि, कृष्णा जी आंतरिक परिवर्तन और विकास के साधन के रूप में आत्म-प्रतिबिंब के महत्व को रेखांकित करते हैं। वह हमें अपने दिलों में गहराई से उतरने, अपने डर और असुरक्षाओं का सामना करने और आंतरिक शांति और स्पष्टता की भावना पैदा करने के लिए आमंत्रित करते हैं। आत्मनिरीक्षण और आत्म-जागरूकता के माध्यम से, हम अपनी अंतर्निहित शक्तियों का पता लगा सकते हैं और जीवन की चुनौतियों पर काबू पाने के लिए अपनी अंतर्निहित क्षमता का उपयोग कर सकते हैं।

प्रतिकूल परिस्थितियों के प्रति हमारी प्रतिक्रिया हमारे भाग्य को आकार देती है। अतीत पर ध्यान केंद्रित करने, भविष्य की चिंता करने और आत्म-चिंतन की उपेक्षा करने के नुकसान से बचकर, हम अपनी परिस्थितियों की सीमाओं को पार कर सकते हैं और आशा और समृद्धि की एक नई सुबह की शुरुआत कर सकते हैं। जैसे-जैसे हम जीवन के उतार-चढ़ाव से गुजर रहे हैं, हम पहले से कहीं अधिक मजबूत, समझदार और लचीले बनें।

45
विश्वास में सतर्कता

अनेक बातें हम प्राचीन, धार्मिक ग्रंथों में पढ़ते हैं, किसी अनुभवी और ज्ञानी व्यक्ति से सुनते हैं, समझते हैं, किंतु आंख और मस्तिष्क को बंद करके उन सभी पर विश्वास करना सही नहीं है।

किसी भी तथ्य या किसी बात पर तब तक विश्वास नहीं करना चाहिए जब तक कि उसे स्वयं के ज्ञान, चेतना व बुद्धि द्वारा परख न लें, उसे स्वविवेक से कसौटी पर रखकर अच्छी तरह से जांच न लें।

अवलोकन और विश्लेषण के पश्चात् जब हमें कोई बात तर्कसंगत लगती है, साथ ही सभी के अनुकूल व लाभकारी लगती है, तब उसे न केवल स्वीकारना ही चाहिए, बल्कि दृढ़तापूर्वक उस पर कायम भी रहना चाहिए।

जीवन में किसी भी घटना, विवरण अथवा बात पर विश्वास कब और क्यों करना चाहिए, इसका निर्णय हमारे अपने विवेक पर छोड़ना उचित होता है। किसी के भी अनुयायी न बनें, यह आपके आध्यात्मिक विकास में बाधा बन सकते हैं।

अल्बर्ट आइंस्टीन ने कहा है-

"सत्ता में अंधविश्वास, सत्य का सबसे बड़ा दुश्मन है।"

किसी के बारे में कोई धारणा (perception) रखना वास्तविक नहीं है, यह वास्तविकता का छोटा अनुभव है, जो सीमित और त्रुटिपूर्ण है।

"केवल सत्य ही वास्तविकता है।"

जिस बारे में हम सोचते हैं कि यह हम जानते हैं, हर उस चीज पर यदि हम सवाल उठाने को तैयार नहीं हैं, तो हम झूठ के भ्रम के अतिरिक्त कुछ भी नहीं जान पाएंगे।

हर चीज पर सवाल उठाएं, किसी भी चीज पर विश्वास नहीं करें, कुछ भी नहीं मानें, लेकिन सिर्फ और सिर्फ सच सीखें।

सत्य का साक्षात अनुभव तभी संभव है, जब हम सिद्धांतों, मान्यताओं, परंपराओं, धारणाओं, व अवधारणाओं से मुक्त होकर उसकी खोज करें। सत्य से साक्षात्कार हो जाने पर ईश्वर के दर्शन स्वत: हो जाएंगे।

भगवान श्री महावीर ने भी कहा है, **"सत्य ही भगवान है"**

आनंद भारती जी के अनुसार,

> **"भगवान सत्य है, इसमें विवाद हो सकता है; पर सत्य ही भगवान है, यह सर्वथा निर्विवाद है।"**

46
प्राप्त ही पर्याप्त

संतोष से बड़ा सुख इस संसार में कोई नहीं, किसी ने खूब कहा है

"एक संतोषपूर्ण जिंदगी, सफल जिन्दगी से सर्वश्रेष्ठ है क्योंकि सफलता को लोग नापते हैं, परन्तु आपके अन्दर के संताप को केवल आपका मन-आत्मा-हृदय निर्णय लेता है।"

मनुष्य में दुःख का सबसे बड़ा कारण है, उसकी अतृप्त इच्छायें। यही हमें दिन-रात बेचैन करती रहती है, हमारे जीवन में असंतोष की भावना पोषित करती है और हमें सदैव दुखी करती रहती है।

जरूरत के मुताबिक जिन्दगी जिओ,

ख्वाहिशों के मुताबिक नहीं, क्योंकि

जरूरत तो फकीरों की भी पूरी जाती है

ख्वाहिशें बादशाओं की भी पूरी नहीं होती

सुकरात ने कहा-

"जो अपने प्राप्त वस्तुओं से संतुष्ट नहीं है वह अपनी चाहत के वस्तुओं को पाकर भी संतुष्ट नहीं हो सकता क्योंकि जैसे-जैसे ख्वाहिशें पूरी होती जाती हैं, नयी-नयी ख्वाहिशें और अधिक पैदा होती हैं जिसका अंत कभी नहीं होता"

किसी शायर ने खूब कहा-

"जब सब कुछ मिल जायेगा जिन्दगी में तो तमन्ना किस की करोगे। कुछ अधूरी ख्वाहिशें तो जिन्दगी जीने का मजा देती हैं।"

यदि आपके पास जो कुछ है, उससे आप संतुष्ट हैं और खुश हैं तो आप दुनिया में सबसे अमीर हैं। संतोष हमें हर परिस्थिति में प्रसन्न रहना सिखाता है।

"जब आवे संतोष धन, सब धन धूरि समान"

संतोष से ही शांति प्राप्त होती हैं, जिसमे सारे सुख समाहित हैं।

47
जाने दो (Let it GO)

"लोगों को जाने दो"
कभी-कभी परिस्थितियों को जैसी हैं,
वैसे ही रहने देना बेहतर है।
जो लोग आपसे प्यार नहीं करते,
उन्हें जाने दो,
उन्हें मत रोको,
बिना लड़े जाने दो।
कभी स्पष्टीकरण मत पूछो,
उनसे कभी सवाल मत करो,
न ही जवाब पूछो,
यह कभी उम्मीद मत रखो
कि वे आपको समझेंगे।

आपके द्वारा किए जाने वाले साहसी निर्णयों में से एक यह है कि आखिरकार उस चीज़ को जाने दें जो आपके दिल और आत्मा को चोट पहुँचा रही है।

"कभी-कभी खुश रहने का सबसे अच्छा तरीका यह है कि उन चीज़ों को छोड़ना सीखें जिन्हें आपने अपने पास रखने की बहुत कोशिश की है और जो अब आपके लिए अच्छी नहीं हैं।"
-फ़राज़ काज़ी

"यदि आप उस चीज़ को जाने देना सीख लें, जो पहले ही आपसे दूर जा चुकी है, तो आपका जीवन कितना अलग होगा? रिश्ते से लेकर पुरानी शिकायतों से

लेकर पछतावे तक, सभी "हो सकता है" और "होना चाहिए", खोई हुई दोस्ती तक, आप अभी भी टिके हुए हैं... अपने आप को अतीत के बोझ से मुक्त करें, जिसे आप बदल नहीं सकते।"

"जाने देने का मतलब यह नहीं है कि आपको अब कोई परवाह नहीं है, इसका मतलब है कि आप स्वीकार कर रहे हैं कि आप परिणाम को नियंत्रित नहीं कर सकते हैं।"

"पकड़े रहने का मतलब यह मानना है कि केवल एक अतीत है, जाने देने का मतलब यह जानना है कि भविष्य है।"

जीवन के सबसे कठिन निर्णयों में से एक है छोड़ देना, चाहे वह अपराध हो, क्रोध हो, प्रेम हो, हानि हो, या विश्वासघात हो। परिवर्तन कभी पूर्व नहीं होता। हम पकड़ने के लिए लड़ते हैं और हम जाने देने के लिए लड़ते हैं।

सच तो यह है... जब तक आप जाने नहीं देते, जब तक आप खुद को माफ नहीं करते, जब तक आप स्थिति को माफ नहीं करते, जब तक आपको यह एहसास नहीं होता कि स्थिति खत्म हो गई है, आप आगे नहीं बढ़ सकते।

तनाव या पूर्णतावाद से सचेत मुक्ति आपके मानसिक स्वास्थ्य पर भारी पड़ सकती है। किसी मित्र के साथ बातें करना, पेंटिंग, संगीत, खेलना या पढ़ने में व्यस्त रहने का अभ्यास करें। इसके अतिरिक्त, अपने काम, रिश्तों या व्यक्तिगत लक्ष्यों में ध्यान दे। इससे अधिक खुशी और कम तनाव हो सकता है।

"पूरी तरह से जाने देने से, पूर्ण शांति मिलती है।"

48
'अति सर्वत्र वर्जयेत्'

"आपकी आवश्यकता से अधिक कोई भी चीज़ जहर है। यह शक्ति, आलस्य, भोजन, अहंकार, महत्वाकांक्षा, घमंड, भय, क्रोध या कुछ भी हो सकता है।"

"बहुत ज्यादा भरोसा मत करो

बहुत ज्यादा प्यार मत करो

बहुत ज्यादा आशा मत करो

क्योंकि वह बहुत ज्यादा,

आपको **बहुत ज्यादा** नुकसान पहुंचा सकता है"

"बहुत ज्यादा" आपको क्या-क्या नुकसान पहुँचा सकते हैं?

- यदि आप बहुत अधिक बोलोगे, तो आप झूठ बोलोगे
- यदि आप बहुत अधिक सोचोगे तो आप उदास हो जाओगे
- यदि आप बहुत अधिक प्रेम करोगे तो आप खो जाओगे
- यदि आप बहुत अधिक भरोसा करोगे तो आप धोखा खाओगे
- यदि आप किसी की बहुत अधिक परवाह करोगे तो आप कम आँके जाओगे
- यदि आप बहुत अधिक सोते हो तो आप आलसी हो जाओगे
- यदि आप बहुत अधिक खर्च करते हो तो आपका कोई भविष्य नहीं होगा
- यदि आप बहुत अधिक अपेक्षा करोगे तो आप निराश होगे

इसलिए **अति** न करें क्योंकि अति आपको बहुत अधिक नुकसान पहुँचा सकती है।

49
अनुभव श्रेष्ठ गुरु हैं

एक महापुरुष से किसी ने पूछा, "**आपके गुरु कौन हैं?**"

उन्होंने कहा, "**मैं स्वयं ही मेरा गुरु हूं, क्योंकि हर दिन, हर क्षण, मैं अपने अनुभवों से सीखता हूं।**"

यह बात शत् प्रतिशत सही है। हम प्रतिदिन कुछ न कुछ सीखते ही रहते हैं। यह सीखना अलग-अलग तरीकों से होता है।

सबसे **पहला तरीका** है - हम अपनी गलतियों से सीखें, जो कि अच्छा तरीका नहीं कहा जा सकता।

दूसरा तरीका है - दूसरों की गलतियों से सीखना, जो सही तरीका है

तीसरा तरीका है- अपने अनुभवों से सीखना, जो कि सर्वोत्तम तरीका है।

अपनी गलतियों से हम निम्न प्रकार से सीख सकते हैं -

मनुष्य गलतियों का पुतला है, यह एक सार्वजनिक सत्य है। अतः सबसे पहला क़दम यह है कि **हम यह स्वीकार करें कि हम गलतियां करते हैं।** इसके पश्चात यह **निश्चय करना होगा कि भविष्य में यह ग़लती दोहराई नहीं जाएगी।**

ग़लती नहीं दोहराई जाने के तरीके भी हमें ही खोजने होंगे। फिर यह विचार करना होगा कि **पिछली गलतियों के आधार पर कैसे अनुकूलन किया और कैसे सुधार किया जाए।**

फिर उसी के अनुरूप **स्वयं में सकारात्मक बदलाव** लाने होंगे।

दूसरों की गलतियों से सीखने के तरीकों पर विचार करने पर ओटो वान बिस्मार्क का यह महान कथन याद रखना चाहिए कि,

"केवल एक मूर्ख व्यक्ति ही अपनी गलतियों से सीखता है, बुद्धिमान व्यक्ति हमेशा दूसरों की गलतियों से सीखता है।"

आचार्य चाणक्य ने कहा था,

"हर ग़लती खुद करने के लिए लंबे समय तक ज़िंदा रहना संभव नहीं है, इसलिए दूसरों की गलतियों से सीख कर बेहतर विकल्प चुन सकते हैं और उन्हीं गलतियों को दोहराने से बच सकते हैं।"

यदि हम वास्तव में स्वयं के अनुभवों से सीखना चाहते हैं, तो जीवन में प्रतिदिन हमारे साथ घटित हो रही घटनाओं को ध्यान से देखना होगा। गंभीरतापूर्वक उन घटनाओं पर विचार किया जाए, तो हम पाएंगे कि हर घटना हमें कुछ न कुछ सीख अवश्य दे रही है।

हर घटना, हर व्यक्ति, प्रकृति, पशु-पक्षी, आकाश, धरती, वायु, सूर्य, अग्नि, इत्यादि किसी न किसी रूप में हमारे गुरु हैं।

बस, ज़रूरत है -

जागरुकता (awareness) की,

समझने (understanding) की,

गहन अवलोकन (deep observation) की,

सही मूल्यांकन करने की,

आलोचनात्मक ढंग से सोचने की,

आत्म-निरीक्षण की।

जागरुकता के साथ आत्म-निरीक्षण कर, अपने अनुभवों से सीखना ही सर्वोत्तम है। जिस दिन हमने 'स्व' को समझ लिया, हम स्वयं के गुरु बन जाएंगे; किसी अन्य गुरु की आवश्यकता ही नहीं रहेगी।

50
आराम की जिंदगी (कम्फर्ट जोन) से बाहर आओ

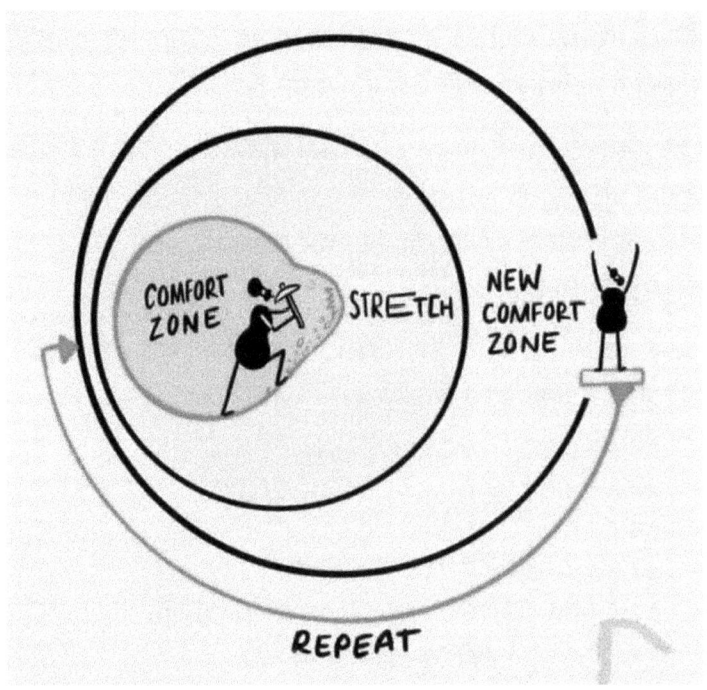

हमें बचपन से सिखाया जाता है कि बाहर अकेले मत निकलना, खतरा है, बिना बात के पंगा मत लेना, ये मत करना, वो मत करना इत्यादि। एक डर हमारे मन में बिठा दिया जाता है। इस कारण हम रिस्क लेने से डरते हैं, हिम्मत नहीं जुटा पाते।

यही वजह, हमारे आगे बढ़ने में बाधक होती है।

मेंढकों को भी बचपन से यही सिखाया जाता है कि कुएँ के बाहर मत जाना, नहीं तो पकड़े जाओगे, मारे जाओगे, बाहर मौत है। मेंढक बेचारा पूरा जीवन इसी डर से दुबका रहता है कि अगर मैं बाहर गया तो संघर्ष है।

किन्तु कुछ मेंढक थे जिन्होंने तर्क के आधार पर यह जानने की कोशिश की, कि बाहर जाने पर मारा कैसे जायेगा। उन्होंने हिम्मत करके के कुएँ के बाहर छलांग लगा दी। बाहर आये तो देखा कि यहाँ ताजी हवा हैं, रोशनी हैं, और फूलों की सुगंध है। तब उन्होंने महसूस किया कि अंदर जो हमें सदियों से बताया जा रहा था, वो सब हमें डरए रखने के लिए बताया जा रहा था ताकि हम डर कर उनके गुलाम बने रहें।

उन्हीं में से एक मेंढक ऐसा था जो पहाड़ की चोटी या शिखर पर चढ़ने की सोच रहा था और हिम्मत से आगे बढ़ना शुरू कर देता है। सारे मेंढक शोर मचाने लगते हैं कि ये असंभव हैं, आज तक कोई नहीं चढ़ा। ये असंभव हैं, तुम नहीं चढ़ पाओगे। मगर मेंढक पहाड़ की चोटी पर पहुँच ही गया।

जानते हो क्यों?

क्योंकि वह गूँगा और बहरा था।

वह जब सारे मेंढकों को शोर मचाते हुआ देखता था तो वह यह समझने लगा कि वे सब उसका उत्साह बढ़ा रहे हैं।

अगर आपको लक्ष्य तक पहुँचना है तो नकारात्मक लोगों के प्रति बहरे हो जाओ।

51
हर दरवाजे पर दस्तक दो

यह अब तक मुझे मिली सबसे अच्छी सलाह है:

हर दरवाजे पर दस्तक दो।

कुछ दरवाजे खुलेंगे और कुछ बंद रहेंगे।

खुले में चलते रहें

क्योंकि वे आपके लिए ही बने हैं।

जो नहीं खुलते वे आपके लिए नहीं बने हैं।

लेकिन दरवाज़े तभी खुलेंगे जब आप उन्हें खटखटाना सीख लेंगे क्योंकि जीवन में अवसर केवल एक बार ही मिलता है।

जीवन में हर अवसर का लाभ उठाएँ।

52
कुछ भी असंभव नहीं है- नथिंग इज इम्पॉसिबल

जो नहीं हो सकता वही तो करना है।

असंभव कार्यों को करने के लिए हमें अनूठे प्रयास करने होंगे| कठिन परिस्थिति में क्या सम्भव हैं, उसके लिए आपको सही दिमाग के साथ लड़ना होगा| असंभव को सर्वप्रथम् हमारी सोंच में जीतना होगा, तभी हम असंभव को संभव में बदल सकते हैं।

जीवन में जो भी करने से डर लगता हैं, असंभव लगता हैं, अगर उसी को बड़ा लक्ष्य बना लिया जाये तो हमारी सोंच इधर-उधर नहीं भटकेगी।

अपनी कहानी खुद लिखें-
मेहनत और लगन से
निष्ठा और समर्पण से
विश्वास और धैर्य से

"जो भी लक्ष्य दिमाग में पैदा होता है और आप उस पर विश्वास रखते हैं, आप प्राप्त कर सकते हैं।" -नेपोलियन हिल

हम सब में वह शक्ति हैं, जो असंभव को संभव में बदल सकती हैं। बस हमें लक्ष्य का पीछा करना हैं। रास्ते में आने वाली चुनौतियों का सामना करना है। डट कर मुकाबला करना है। असफलता से डरे नहीं, वह हमें बहुत कुछ सिखाती है। असफल होने पर रुके नहीं, कमजोर नहीं बने, केवल उससे सीखिए और रास्ता बदलिए, नई नई सम्भावनाओं की तलाश कीजिये, भिन्न भिन्न प्रयोग कीजिये।

तरीके बदलिए परन्तु अपना रास्ता नहीं।

मुलर का वास्तविकता का नियम:

"यदि ऐसा होता है, तो यह संभव है"

केवल एक ही चीज़ है जो सपने को हासिल करना असंभव बना देती है, वह है "असफलता का डर"

"मंजिल उन्हीं को मिलती है,

जिनके सपनों में जान होती है,

पंख से कुछ नहीं होता,

हौसलों से उड़ान होती है।"

53
निजी रहस्यों को कभी किसी को नहीं बताये

व्यक्ति रहस्यों को कभी किसी को नहीं बतायें।
-अरब प्रोवरब

"जिस बात को अपने दुश्मन से छुपा कर रखना चाहते हैं, उसे अपने दोस्त को भी नहीं बतायें।"

अपने कौन से रहस्यों को कभी भी उजागर नहीं करें

- धन को चुपचाप कमाओ। आप कितना कमाते हैं और आपकी कुल सम्पत्ति (नेटवर्थ) कितनी है ।
- आप क्या नयी कौशल (स्कील) सीख रहे हैं जो आपके लिए अत्यधिक महत्वपूर्ण है।
- आप इस समय किन कठिनाइयों से गुजर रहे हैं। अपने दुखों का दुखड़ा किसी के सामने न रोएं।
- आप कितने सुखी हैं, कितने आनन्दित हैं, कितने मस्त हैं, लोगों को केवल अनुमान लगाने दो।
- आपके अतरंग संबंधों (लव लाइफ) को व्यक्तिगत रखें।
- अपने पारिवारिक झगड़ों तथा उस क्षणों को छिपा कर रखें। छोटा सा भी संकेत नहीं छोड़ें जिससे लोग अनुमान लगाने लग जाएं।
- आप आगे क्या करने वाले हैं- नया व्यापार, नई दिशा, नये विचारों पर चिंतन।

- आपकी धर्म के प्रति आस्था और विश्वास की गहराई।
- आपने कोई छोटी या बड़ी मदद की हो
- अपनी राजनीतिक विचारधारा

अपने राज को राज रहने दो, अपने तक सीमित रखो।

54
दुनिया में सबसे खुश व्यक्ति कौन है?

जीवन के सात सुख, या सात प्रकार के सुख, प्राचीन भारतीय परंपराओं की एक अवधारणा हैं। सात सुख हैं:

पहला सुख निरोगी काया (स्वस्थ शरीर)

दूजा सुख घर में माया (धन-संपत्ति)

तीजा सुख सुलक्षणा नारी (सुशील, संस्कारी, समझदार पत्नी)

चौथा सुख गुणी, संस्कारी और आज्ञाकारी संतान

पांचवा सुख स्वदेश में बासा (पैतृक स्थान पर अपना घर)

छठा सुख राज में पासा (सत्ता से निकटता, ताकत के संदर्भ में)

सातवां सुख संतोषी मन

ऐसा है तो धन्य जीवन।

एक व्यक्ति जो बिना पछतावे के गहरी नींद सोता है।

एक व्यक्ति जो खुलकर हँस सकता है।

एक व्यक्ति जिसके पास वित्तीय स्वतंत्रता है।

एक व्यक्ति को उसके माता-पिता, जीवन-साथी और भाई-बहनों द्वारा खुशी से समर्थन मिलता है।

एक व्यक्ति जिसके कुछ करीबी दोस्त हैं जो सभी उतार-चढ़ाव में उसकी मदद कर सकते हैं।

एक व्यक्ति जो सकारात्मक अनुभवों को संजोते हुए नकारात्मक अनुभवों को माफ कर देता है और भूल जाता है।

एक व्यक्ति जो जटिलताओं से मुक्त है और जीवन को सरल रखता है।

एक व्यक्ति जो मानवीय रिश्तों को मात्र आनंद से परे देखता है - यह उत्कृष्ट है।

एक ऐसा व्यक्ति जो विपरीत परिस्थितियों के बावजूद भी अंदर से शांत रहता है।

एक व्यक्ति जो दुनिया की विशालता और हमारे परिवार के आकार को देखने के लिए यात्रा कर सकता है।

जीवन में सभी सुखों की प्राप्ति और उसे भोगने के बाद मोक्ष की प्राप्ति के लिए ईश्वर की कृपा और उनका साक्षात्कार ही जीवन का सबसे बड़ा सुख है।

एक विद्वान ने लिखा है कि **"संसार का सबसे सुखी व्यक्ति वह है जो अपने घर में शांति पाता है।"**

भौतिक सुख, आध्यात्मिक सुख और शारीरिक सुख का संगम ही सांसारिक सुख है।

अगर देखा जाए तो इस संसार में सुखी कोई नही हैं।

55
सेक्स सेहत के लिए अच्छा

समाज में यौन संबंध को लेकर फैली गलत धारणाएँ हैं उसे सेक्स के बारेमें सही जानकारी सेक्स एजुकेशन द्वारा देकर सुधारा जा सकता है।

सेक्स के लाभ

- सेक्स आपके साथी के साथ संबंध और अंतरंगता की भावना को बढ़ावा देता है...!
- सेक्स का जुड़ाव आपको गर्मजोशी और मधुरता का एहसास कराने से कहीं ज़्यादा करता है...!
- यह वास्तव में चिंता को कम करता है और आपके समग्र स्वास्थ्य को बढ़ावा देता है...!
- आपकी इम्युनिटी को बढ़ाता है और तनाव या स्ट्रेस के लेवल में भी काफी कमी आती है।
- सेक्स करने से एंडोंफिन नाम के हार्मोन भी स्राव होता है जो सेहत के लिए फायदेमंद होता है।
- कैंसर और दिल के दौरे के जोखिम को कम करती है।

सेक्स एक सबसे अच्छा पेनकिलर का काम भी करता है हमारे शरीर के लिए जिससे हमारी बॉडी आनंदमय और रिलैक्सेबल हो जाती है...!

उम्र बढ़ने की भावना, मानसिकता और रुचि की कमी की वजह से सेक्स लाइफ पर बहुत बुरा असर पड़ता है। उम्र बढ़ने के साथ लोग सेक्स को नज़रअंदाज़ करने लगते हैं क्योंकि उनमें कई भावनात्मक बदलाव आने लगते हैं जैसे बेचैनी, तनाव और डिप्रेशन आदि। इससे बचने का एक ही सही उपाय है कि आप सही वक्त

पर अपने पार्टनर से अपने मन की बात कहें और उन्हें बताएं कि अब भी आपकी सेक्स में रुचि है।

बढ़ती उम्र में भी सेक्स की जरूरत को नकारा नहीं जा सकता है। हमारे शरीर में टेस्टोस्टेरॉन नामक हार्मोन के कम होने के कारण आपमें सेक्स के प्रति अनिच्छा हो सकती है। ये बढ़ती उम्र की आम समस्या है। ऐसा जरूरी नहीं है आप ऑर्गेज्म पर ही फोकस करें बल्कि आप दोनों एक-दूसरे के स्पर्श और साथ को भी इंजॉय कर सकते हैं।

56
एक लक्ष्य चुनें

उस एक विचार (लक्ष्य) को
अपना जीवन बनाएं,
उसके बारे में सोचें,
उसके सपने देखें ,और
उस पर जिएं।
मस्तिष्क, मांसपेशियों, तंत्रिकाओं और
अपने शरीर के हर हिस्से को,
उस विचार से भरा रहने दें और
बाकी सभी विचारों को अकेला छोड़ दें।
यह सफलता का मार्ग है।

-स्वामी विवेकानंद

57
आपका सबसे बड़ा दुश्मन कौन?

आप विचार करें कि ऐसी कौन सी चीज है जो आपको सफल होने से रोक रही है, बाधा डाल रही हैं, आपको आलस्य (कम्फर्ट जोन) से बाहर नहीं आने दे रही है।

तो आप पाएंगे कि **आपका सबसे बड़ा दुश्मन तो सिर्फ "आप"** हैं।

खुद ने खुद का ही रास्ता रोके रखा हैं।
आपको **किसने रोके रखा** हैं?
आपके **कमजोर मन** ने,
आपके **अज्ञात भय** ने
आपके **व्यर्थ की चिंता** ने
आपके **आलस्य** ने
आपके **काम टालने कि आदत** ने
आपके **कमजोर इच्छा शक्ति** ने इत्यादि।

उदाहरण के तौर पर समझें:

"बादल चाहे कितने भी बड़े और घने क्यों न हो, उसकी हैसियत नहीं कि वो सूरज की रौशनी को रोक लें। अँधेरा चाहे कितना भी घना क्यों न हो, रात चाहे कितनी भी काली क्यों न हो, उसकी औकात सूरज की एक किरण से ज्यादा नहीं है।

सूरज की एक किरण पड़ी और अँधेरा गायब

"**यदि आप सूरज की तरह चमकना चाहते हैं, तो पहले सूरज की तरह जले और तपना सीखें।**" –

एपीजे अब्दुल कलाम

> "अगर आप महान कार्य करना चाहते हैं, जो भी कार्य करते हैं, उससे प्यार करें।" -स्टीव जॉब्स

आपके अंदर एक अद्भुत शक्ति है जो यह जानती है कि आपको क्या करना है और आपकी मदद के बिना देखभाल करना जानती हैं। बस आपको उसके प्रति समर्पण करना है। अपने विचारों, अपने मन, अपने अहंकार को उस धारा (करंट) को समर्पित कर दो, जो रास्ता जानती है। यह आपकी कल्पना से भी बेहतर देखभाल करेगा।

दुनिया को जीतने के लिए, खुद को पहले जितना होगा। जिसने खुद को जीत लिया, उसने दुनिया को जीत लिया। **आपको सिर्फ एक को हराना है - खुद को।** आपकी प्रतिस्पर्धा बाहर किसी से नहीं हैं, केवल आप से है।

सभी सीमाएं (लिमिटेशन) स्वयं द्वारा लगाई गई हैं। कोई सीमाओं के बंधन में नहीं रहें – **Be Limitless**

इंतज़ार मत करो कि सही समय आएगा, जब शुरू करुँगा। सही समय कभी नहीं आएगा। आप जहाँ खड़े हैं, वहीं से शुरू करें। आपके पास जो भी उपकरण (टूल्स) हैं, जो भी जानकारी है, उस पर काम शुरू करें। जैसे-जैसे आप बढ़ते जायेंगे, आपको नए-नए तरीके मिलते जायेंगे। **कल जो भी कार्य किया, आज उससे बेहतर करना है लगातार रोजाना अच्छा करो - यह संकल्प लेना है।**

सफलता आपके कदम चूमेगी।

58
कम बोलो, कम सोचो, कम देखो

रात भर की गहरी नींद के बाद, हम जब उठते हैं, तो खुद को तरो-ताजा पाते हैं, ऊर्जावान पाते हैं,उस समय मन शांत होता है क्योंकि रात भर हम कुछ बोले नहीं, कुछ सोचा नहीं, कुछ देखा नहीं।

इन्हीं तीन रास्तों से हमारी ऊर्जा खर्च होती है।

इसको हम इस तरह समझे कि अगर हम दिन में भी कम बोले , कम देखें, और कम सुने तो स्वतः ही अपने लिए बहुत ऊर्जा बचा सकते हैं जिसे हम रचनात्मक कार्यों में लगा सकते हैं।

कहाँ नहीं बोलना,
कहाँ कम सोचना,
कहाँ सही देखना,
यह सीख लो,
जीवन में कभी उलझेंगे नहीं।

59
अच्छी आदतें बनाओ, बुरी आदतें छोड़ो

अच्छी आदतें बनाओ:

इस हेतु चार कानूनों का उपयोग करें:

इन्हें स्पष्ट,

आकर्षक,

आसान

और

संतोषजनक बनाओ।

बुरी आदतें छोड़ो:

इस हेतु चार नियम पलटो-

इन्हें अदृश्य,

अनाकर्षक,

कठिन

और

असंतोषजनक बनाओ।

60
तू अपनी खूबियाँ ढूँढ, कमियाँ निकालने के लिए लोग हैं

तू अपनी खूबियाँ ढूँढ
कमियाँ निकालने के लिए लोग हैं

अगर रखना ही है कदम
तो आगे रख,
पीछे खींचने के लिए लोग हैं।

सपने देखने ही हैं
तो ऊँचे देख,
नीचा दिखाने के लिए लोग हैं।

अपने अंदर जुनून की चिंगारी भड़का,
जलने के लिए लोग हैं।

अगर बनानी है
तो यादें बना,
बातें बनाने के लिए लोग हैं।

प्यार करना है
तो खुद से कर,
दुश्मनी करने के लिए लोग हैं।

रहना है
तो बच्चा बनकर रह,
समझदार बनाने के लिए लोग हैं।

भरोसा रखना है
तो ख़ुद पर रख,
शक करने के लिए लोग हैं।

तू बस संवार ले खुद को
आईना दिखाने के लिए लोग हैं।

खुद की अलग पहचान बना
भीड़ में चलने के लिए लोग हैं।

तू कुछ करके दिखा दुनिया को
बस कुछ करके दिखा,
तालियाँ बजाने के लिए लोग हैं।

61
आपके जीवन को सृजन और आकार देता है

- आप जो खाना खाते हैं,
- आप जो किताबें पढ़ते हैं,
- आप जो आस्था और विश्वास मानते हैं,
- आप जो मीडिया का उपभोग करते हैं,
- आप जो लक्ष्य निर्धारित करते हैं,
- आप जो समय का सही उपयोग करते हैं,
- आप जो नज़रिया रखते हैं,
- आप जो मानसिकता फॉलो करते हैं,
- आप जो कल्पना करते हैं,
- आप जो अनुभव रखते हैं,
- आप जो बोलते हैं, सुनते हैं और समझते हैं,
- आप जो सकारात्मक सोच रखते हैं,
- आप प्रसन्न और शांत रहते हैं,
- आप जिस आदतों को मजबूत समझते हैं,
- आप जिस वातावरण में रहते हैं,
- आपके अंतर्ज्ञान की मजबूत स्थिति,
- आप जिन लोगों के साथ अपना समय बिताते हैं।

62

प्रतिदिन छोटे, निरंतर सुधार करें।

छोटे, निरंतर सुधार के दर्शन को अपनाएं और हर दिन बेहतर बनाएं।

रहस्यमय जापानी दर्शन: **"काइज़ेन"** स्वयं सुधार का तरीका

प्रत्येक दिन आप जो भी कर रहे हैं और सुधार करने का प्रयास कर रहे हैं, उसमें केवल बेहतर होने पर ध्यान केंद्रित करें।

बस हर दिन थोड़ा-थोड़ा सुधार करें जो धीरे-धीरे उस बड़े बदलाव की ओर ले जाएगा जो आप चाहते हैं।

इसमें महीनों या साल भी लग सकते हैं, लेकिन सुधार तब आएगा जब आप निरंतरता और अपने कदम को उन्नत करने पर ध्यान देंगे।

आपको दैनिक स्वयं सुधार के संयोजन प्रभाव (compounding effect) की शक्ति का एहसास होगा।

आप पहले से ही जानते हैं कि आपको क्या चाहिए। अभी शुरू करें और आगे बढ़ने के लिए छोटे-छोटे तरीके खोजें।

"हजारों मील की यात्रा एक कदम से शुरू होती है" -लाओ त्ज़ु

"बड़े, त्वरित सुधार की तलाश न करें। एक समय में एक दिन छोटे सुधार की तलाश करें। यह एकमात्र तरीका है जिससे ऐसा होता है"
जॉन वुडन

स्वयं सुधार कैसे लागू करें- **छोटा शुरू करो।**

सुबह की सैर शुरू करना चाहते हैं तो शुरुआत में 5 या 10 मिनट के लिए टहलना शुरू करें और लगातार अपने प्रयास बढ़ाते रहें।

व्यायाम शुरू करना चाहते हैं तो आप एक व्यायाम शुरू करें या प्रतिदिन एक व्यायाम शुरू करें या पुश अप करें और सहायता करें।

ध्यान (meditation) शुरू करना चाहते हैं- एक मिनट के श्वास व्यायाम से शुरुआत करें और प्रतिदिन सुधार पर ध्यान दें।

जीवन में खुशी चाहते हैं- अपने जीवन में खुशी के छोटे-छोटे पलों का आनंद लेना शुरू करें, बस एक दिन पहले की तुलना में थोड़ा बेहतर करने का प्रयास करें।

आप जो करना चाहते हैं या हासिल करना चाहते हैं, उसे शुरू करने में असमर्थता के लिए कोई बहाना नहीं है।

हाँ, सुधार धीरे-धीरे होगा।

- स्वयं सुधार युक्तियाँ

(1) **योजना-** एक योजना से शुरुआत करें कि आप अगले कुछ दिनों, हफ्तों या महीनों में क्या हासिल करना चाहते हैं। इसे लिखिए।

(2) **लक्ष्य निर्धारित करें-** शॉट टर्म और लॉन्ग टर्म लक्ष्य बनाएं और समय सीमा निर्धारित करें, ताकि आप अपनी प्रगति को ट्रैक कर सकें।

3) **चुनौतियों को स्वीकार करें-** अपने आराम क्षेत्र से बाहर निकलने से आपको उस क्षमता का एहसास करने में मदद मिल सकती है जिसके बारे में आप कभी नहीं जानते थे कि आपके पास है।

(4) **कुछ नया सीखें-** चाहे वह नई भाषा हो, संगीत, खाना बनाना, या कोई खेल।

(5) **शिकायत करना बंद करें।**

63
जिंदगी का कड़वा सच

सच कहा था एक फकीर ने...!!

तू सब का होगा...

तेरा कोई नहीं,

तू सबको समझेगा...

तुझे कोई नहीं,

तू सबका साथ देगा...

तेरा कोई नहीं,

तू सबके लिए जिएगा...

तेरे लिए कोई नहीं...!!!

64
सफलता का पैमाना

सफलता को वित्तीय, आध्यात्मिक, शैक्षिक, व्यावसायिक और पारिवारिक जीवन की उपलब्धियों आदि सहित कई तरीकों से मापा जा सकता है। मैं सफलता को अपने सकारात्मक प्रभाव के आधार पर मापना पसंद करता हूँ :

मेरे आध्यात्मिक जीवन,

मेरे पारिवारिक जीवन,

मेरे व्यावसायिक जीवन,

और सामाजिक जीवन पर पड़ने वाला प्रभाव

-स्टीव जॉब्स

65
मन बगीचा, आप बागवान

मन में कई तरह के विचार रोजाना आते हैं। मन बहुत चंचल हैं, इधर -उधर भटकता रहता हैं, एक जगह कभी नहीं रहता। जो भी हम सोचते हैं, जो भी विचार हमारे मन में उत्पन्न होते हैं - वे सभी हमारे कर्मों का आधार बनाते हैं

भगवान बुद्धा ने २५ सदी पहले कहा था:

"हम जो भी हैं हमारे विचारों का ही नतीजा हैं"

अतः हमारा वर्तमान, अतीत के विचारों का ही नतीजा है और हमारा भविष्य, हमारे आज के विचारों की सोच से ही बनेगा।

सकारात्मक विचार हमारे मन में प्रशंसा भरते हैं जिससे आत्मा को संतुष्टि मिलती है।सकारात्मक मानसिक शक्ति के प्रयोग से हम हमारे जीवन के हर क्षेत्र में सफलता प्राप्त कर सकते हैं।

नकारात्मक विचार चाहे वो किसी परिस्थितियों से पैदा हुऐ हो हमेशा नुकसान ही पहुँचाते हैं - शारीरिक एवं मानसिक बीमारियाँ उत्पन्न करते हैं।

हमारा मन एक बगीचा है, उसमे जो भी बोयेंगे, वही हमें प्राप्त होगा। अगर हम सुगन्धित फूल के बीज बोयेंगे तो हमें मनमोहक सुन्दर फूल से हमारा बगीचा महक जायेगा। अगर हम रसदार फल के बीज बोयेंगे तो हमें स्वादिष्ट फल खाने को मिलेंगे। अगर हम कुछ भी नहीं बोयेंगे तो हमारे मन रूपी बगीचे में घास-फूस उगेगा।

अतः हमें हमारे मन में जो भी नकारात्मक विचार हैं उसे निष्प्रभाव करना होगा और अगर बार-बार आये तो उसे दृढता के साथ बाहर फेंकना होगा और उसके आने के सारे दरवाजे बंद करने होंगे।

जब तक हम सकारात्मक विचारों से मन को भरते रहेंगे, नकारात्मकता अपने आप बाहर चली जाएगी। हमारे मन में प्रेम, प्यार, दया, प्रसन्नता इत्यादि अच्छे भाव स्वयं पैदा होंगे जिससे हम हमारे जीवन में सकारात्मक दृष्टिकोण (पॉजिटिव आउटलुक) ला पाएंगे और हम हर परिस्थिति में केवल सर्वोत्तम देंगे।

66
मन से डर को निकाल दें

डर क्या है और क्यों व किससे हम भयभीत होकर रहते हैं?

शांत मन से विचार किया जाए तो डर अधिकतर काल्पनिक होता है, भावनात्मक होता है, हमारी कल्पना की ही निर्मिति होती है। असल में डर सच्चाई से बहुत दूर होता है। जो चीज है ही नहीं, उसके परिणाम को लेकर, काल्पनिक भय के होने वाले काल्पनिक परिणाम के बारे में सोच-सोच कर हम हमारे मन-मस्तिष्क को व्यथित कर लेते हैं। डर से मन में निराशा का भाव घर कर जाता है, इसके फलस्वरूप हम हमारे जीवन को सहज रूप में नहीं जी पाते। कई बार तो काल्पनिक भय के काल्पनिक परिणाम के बारे में सोचकर हमें सरल जीवन भी दुष्कर लगने लगता है।

ऐसे तत्व अथवा वे कारण जिनसे हमें सर्वाधिक डर लगता है, वे हैं:

1. स्वयं की मृत्यु का डर

2. किसी प्रियजन को खोने का डर

3. अस्वीकार (Rejection) का डर

4. असफलता (Failure) का डर

5. अकेलेपन का डर

6. ग़लती करने का डर

7. आलोचना का डर

8. अज्ञात डर (जेनोफोबिया)

9. बदलाव का डर, इत्यादि

यहां दिए गए कारणों पर नजर डालें तो पाएंगे कि हमारे चाहने अथवा नहीं चाहने का इन पर कोई प्रभाव नहीं पड़ सकता। ये सब तो निश्चित हैं, हमारा न तो इन पर कोई वश है और न ही हम इनमें अपनी इच्छानुसार बदलाव कर सकते हैं। तो जो कुछ तय है, निश्चित है, हमारे वश में ही नहीं, उसके बारे में सोचने और डरकर रहना जीवन की सहजता, सरलता को खोने से अधिक कुछ नहीं। इसी प्रकार अनिश्चित तत्वों को लेकर भी हम भयभीत रहते हैं, तो वह भी हमारी सहजता, सरलता को हमसे दूर कर देता है।

आवश्यकता इस बात की है कि हम स्वीकार करना सीखें। अपनी भावनाओं की सही पहचान करनी होगी। मन की भावनाओं की सही-सही पहचान करते हुए जीवन की निश्चित/अनिश्चित घटनाओं का सामना कर, उन्हें सहर्ष स्वीकार कर लें, तो हम जीवन को भयरहित बना सकते हैं और सहजता पूर्वक एक साहसिक जीवन जी सकते हैं।

हमारे समक्ष दो ही विकल्प हैं-
पहला, या तो हम काल्पनिक भय से ग्रस्त रहते हुए जीवन को दुरूह बना लें और बोझ समझते हुए जीवन ढोते रहें;
दूसरा, मन से काल्पनिक भय व उसके काल्पनिक परिणाम को सप्रयास दूर कर दें और साहस के साथ प्रत्येक परिस्थिति का सामना करते हुए प्रसन्नचित्त होकर अपना जीवन जिएं।
निर्णय सिर्फ और सिर्फ हमारा अपना ही है।

किसी की बहुत प्रेरणास्पद पंक्तियां हैं:

> "डर मुझे भी लगता है, फासला देखकर,
> किंतु बढ़ता गया मैं, रास्ता देखकर;
> खुद-ब-खुद मेरे नज़दीक आती गई,
> मंज़िल, मेरा हौसला देखकर।"

यदि हम अनिश्चित कल्पनाओं से परे होकर निडरतापूर्वक नित्यकर्म में लगे रह कर आगे बढ़ते जाएं, तो यह तय है कि हमारी ज़िन्दगी दिन-ब-दिन सफलता के नये आयाम चुनेगी।

गोस्वामी तुलसीदास जी ने कहा है,

> "तुलसी भरसो राम के, निर्भय होकर सोय;
> अनहोनी होनी नहीं, होनी होय सो होय।"

हमारी मूल समस्या यह है कि हम अनहोनी को लेकर या सोचकर भयग्रस्त रहते हैं और होनी जो निश्चित ही है, उसमें बदलाव संभव ही नहीं, उसको स्वीकार करने में भी भयग्रस्त रहते हैं। निडर होकर नहीं रहने और स्वीकार्यता से परे रहने के कारण ही हम सहज और सरल जीवन से वंचित रहते हैं।

विश्व प्रसिद्ध हास्य अभिनेता चार्ली चैपलिन के अनुसार,

"मन से डर को निकाल दें, तो ज़िन्दगी ख़ूबसूरत हो जाएगी।"

किसी ने यह भी ठीक ही कहा है कि,

"क्यों डरें कि ज़िन्दगी में क्या होगा, कुछ नहीं होगा, तो तजुर्बा होगा।"

निडरता एक परम आनन्द है, जब आप अभय को छूते हैं तो आप स्वतंत्र होते हैं। अन्यथा हम भय के और उसके काल्पनिक परिणाम के अधीन होते हैं।

हर परिस्थिति को स्वीकार करते हुए सहज होकर जिएं, सरल होकर जिएं, निडर होकर जिएं, स्वच्छंद होकर जिएं। जीवन वास्तव में बहुत आनन्ददायक है।

67
हमेशा अपना सर्वश्रेष्ठ करें इसे एक आदत बना लें

अपना सर्वश्रेष्ठ प्रदर्शन करके, आप अपना जीवन गहनता (Intensity) से जिएंगे, अधिक उत्पादक बनेंगे, अपने जीवन का आनंद लेंगे और संतुष्ट रहेंगे। आप अपने हर कार्य का आनंद लेंगे, लेकिन पुरस्कार की उम्मीद किए बिना। इनाम मिलेगा, लेकिन आपका काम इनाम से जुड़ा नहीं है।

दिन के अंत में, आप संतुष्ट होंगे- "मैंने अपना सर्वश्रेष्ठ प्रदर्शन किया।" कोई पछतावा नहीं।

अपनी गलतियों से सीखने का मतलब है कि आपने ईमानदारी से प्रयास किया है, जिससे आपकी जागरूकता बढ़ेगी। इसका मतलब यह भी है कि आप जो भी कर रहे हैं, उसका आनंद उठा रहे हैं। यदि आप बार-बार अपना सर्वश्रेष्ठ प्रदर्शन करते हैं, तो आप परिवर्तन के मास्टर बन जायेंगे।

व्यक्तिगत स्वतंत्रता, आत्म-प्रेम, ध्यान और शरीर-मन के स्वास्थ्य - जीवन के आध्यात्मिक पहलू को प्राप्त करने के लिए अपना सर्वश्रेष्ठ प्रयास करें।

टॉल्टेक जीवन का एक तरीका है जिसमें कोई नेता और कोई अनुयायी नहीं है, जहां आपअपनी सच्चाई के साथ जिएं।

तीन महारत, लोगों को टॉल्टेक बनने के लिए प्रेरित करती हैं:

जागरूकता (Awareness) की महारत - आप वास्तव में कौन हैं, सभी संभावनाओं के साथ।

परिवर्तन (Change) के मास्टर: कैसे बदलें और वर्चस्व से मुक्त हों।

इरादे (Will power) की महारत: जीवन का वह हिस्सा है जो ऊर्जा को रूपांतरित करता है।

वह स्वतंत्रता जो हम अपने विश्वास प्रणाली द्वारा निर्मित और विकसित किए गए जीवन के बजाय अपने जीवन जीने के लिए अपने मन और शरीर का उपयोग करना चाहते हैं। स्वर्ग वह स्थान है जो हमारे मन के भीतर मौजूद है। यह संपूर्ण स्वतंत्रता के साथ आनंद, प्रसन्नता और प्रेम का स्थान है। हम जीवित रहते हुए स्वर्ग पा सकते हैं।

68
जब भी मेरे सामने दो रास्ते आते हैं

जब भी मेरे सामने दो रास्ते आते हैं एक सरल और दूसरा कठिन,
तो मैं दूसरा रास्ता चुनता हूँ,
क्योंकि सरल रास्ते में
न हीं कोई चुनौतियाँ होती हैं,
न हीं कोई संघर्ष,
न हीं कोई अनुभव,
केवल समझौता करना या कराना सीखते हैं।
जबकि कठिन रास्ते मुझे चुनौतियों का सामना करना सिखाते हैं
मुझे साहसी बनाते हैं,
मुझे नए-नए तरीकों की खोज करना सिखाते हैं,
मुझे नए-नए अनुभव सिखाते हैं,
मुझे मानसिक रूप से मजबूत बनाते हैं,
मुझे आत्मविश्वासी बनाते हैं,
मुझे आत्मसंयम सिखाते हैं,
ताकि मैं मजबूत, आत्मविश्वास से परिपूर्ण एक मजबूत इंसान बन सकूँ।

मेरा जीवन मेरी १००% जिम्मेदारी है।

69
मन में प्रेम और आनन्द की तरंगों का अनुभव करें

"मन ही मन को जानता, मन ही मन की प्रीत;
मन ही मनमानी करें, मन ही मन की मीत।
मन झूमे, मन बावरा, मन की उद्धत रीत;
मन के हारे हार है, मन के जीते जीत।।"

ब्रह्मांड (universe) आपके मन में उत्पन्न अच्छी व सुखद् तरंगों की प्रतिक्रिया प्रचुरता से देता है। आप हमेशा उस प्यार, खुशी, प्रचुरता (abundance) की आवृत्ति में रहें। इससे आपको वह सब अवश्य मिलेगा जिसकी आपको चाहत है, इच्छा है।

यदि आप अपने मन की संगीतमय तरंगों का अनुभव करना चाहते हैं, उसका आनंद लेना चाहते हैं, तो उसी के अनुसार अपनी कंपन ऊर्जा (vibrant energy) को ज़ाहिर करें।

अपनी मानसिकता को बदलें और जीवन में खुशनुमा बदलाव लाएं।

अपनी अंतरात्मा (मन) में राग-ध्वनि-कंपन को इस तरह से सजाएं कि हर तरफ आनंद ही आनंद हो, मस्ती ही मस्ती हो, खुशियां ही खुशियां हों, प्यार ही प्यार हो, और शांति ही शांति हो।

और इसके लिए हमें हमारे मन की वीणा के तारों को सुनियोजित करना होगा, उन्हें कसना होगा, ताकि मन में उत्पन्न विभिन्न तरंगों को नियंत्रित किया जा सके।

उनमें नित्य नवीन आवृत्ति (frequency) से नये-नये मनभावन राग-गीत गुनगुना सकें।

70
"आत्म दीपो भव"
Be your light
स्वयं को जानें

जीवन की उलझनें और दुनिया की चकाचौंध में व्यक्ति इस तरह उलझ गया है कि उसे अपने अन्तरमन में झांकने और चिन्तन-मनन करने का अवसर ही नहीं मिल पाता।

स्वयं की सच्चाई जानने के लिये आप अन्दर झांके और अपने से प्रश्न करें, अपने सत्य को पहचाने कि मैं कौन हूँ?

मेरे जीवन का उद्देश्य (purpose) क्या है?

मेरे जीवन का लक्ष्य क्या है?

मेरे जीवन का जुनून (passion) क्या है?

मुझे क्या करना चाहिये?

मुझे क्या नहीं करना चाहिए? आदि-आदि

यह सब जाने बिना हमारे अपने व्यक्तित्व का विकास कैसे होगा। समस्या यह है कि हम अपने बारे में जानकारी कैसे करें, उसका सही आंकलन कैसे करें।

उसके लिए आप

स्वयं से वार्तालाप करें, स्वयं का मुल्यांकन करें,

स्वयं अपने जीवन का लक्ष्य और उद्देश्य निर्धारित करें।

स्वयं अपने जीवन के डिजाइनर (designer) बनें

स्वयं के कार्यों के करने का मानसिक चित्रण करें

स्वयं में सकारात्मक सोच और अच्छी आदतों को जीवन में उतारें

स्वयं की छवि (image) को सशक्त बनाएं

फिर निरन्तर प्रयन्त और दृढ़ निश्चय के साथ काम पर लग जाएं और अपना सर्वश्रेष्ठ दें, जीवन को सार्थक बनाएं।

अपने आपको पहचानना, अपने भीतर को समझना ही असली सफलता की ओर पहला कदम है।

71
स्वयं के खोज की मेरी यात्रा
Journey of my self-discovery

एक प्रयोग

आज आप घर के स्वस्थ जगह, जहाँ शांति हो, आराम से बैठ जाएं।

आँखें बंद कर लें

अपनी सांसों का अवलोकन (ध्यान) करें

धीरे-धीरे आपके विचार कम होते जायेंगे।

आपको शांति का अनुभव होने लगेगा, अच्छा लगने लगेगा। शांत (मौन) रहकर,

'स्वयं से सवाल करें'

'स्वयं के बारे में ईमानदारी से जानने का प्रयास करें'

'स्वयं से झूठ नहीं बोलें'

'धीरे-धीरे आप स्वयं से रूबरू होने लगेंगे'

'स्वयं को समझने लगेंगे'

आपकी सम्पूर्ण धारणा- मौलिक रूप से बदल जायेगी

जैसे-जैसे आप इस प्रयोग में आगे बढ़ेंगे, आप अन्दर से खुश और शान्त महसूस करेंगे।

आप जीवन का अर्थ (meaning) और उद्देश्य (Purpose) समझने लगेंगे।

जैसे-जैसे आपकी समझ गहरी होती जायेगी, आप अपनी आंतरिक आवाज- अंतरज्ञान (intuition-inner voice) और अपने दिल की सुनने में सक्षम होंगे।

और गहराई से सोचने (deep observation) से आपको यह समझ में आने लगेगा कि कहां सच्चाई है और कहां झूठा बन्धन है, रूकावट है।

जब आप अपने अन्दर की रूकावटों को अच्छे से समझेंगे तभी आप अपनी सभी शारीरिक, मानसिक और भावनात्मक अव्यवस्थाओं को दूर करने में सक्षम होंगे।

अब आप अपने आस-पास की हर चीज का सावधानी से निरीक्षण करना शुरू कर चुके हैं, जो आपके जीवन को प्रभावित करती है।

जितना हम अपने आप को जानेंगे, उतना ही आगे बढ़ेंगे।

मिथ्याज्ञान की माया से यही मुक्त करता है।

चिन्तन की दृष्टि विकसित करें।

दृष्टि को तर्क संगत बनाएं।

हमारे पास जो है, उसको खुली आँखों से देखते हुए मनन करें, इसी से आपको 'नया' विचार, बुद्धि और अनुभव होगा।

प्रतिदिन, स्वयं को चुनौती (challenge) दें, स्वयं का अन्वेषण (explore) करें, अपने आन्तरिक स्व (inner self) से जुड़कर चिन्तन, मनन कर, नये विचारों की खोज करें।

अपने अवचेतन मन में आत्म-जागरूकता (self-Awareness) विकसित करें। आपके पास खुद पर ध्यान केन्द्रित करने और यह देखने की क्षमता है कि आपके कार्य, विचार और भावनाएं आपके आंतरिक मूल्यों के साथ मेल खाती हैं या नहीं।

जैसे-जैसे आप आत्म-जागरूक (self-aware) होकर अपना मूल्यांकन करने, भावनाओं को नियंत्रण करने और अपने व्यवहार को अपने मूल्यों के साथ समावेश (align) करने लगेंगे, आप स्वयं को सही मायने में समझने लगेंगे।

72
मौन एक साधना

समझदार व्यक्ति की यही पहचान है कि जो भलीभांति यह जानता हो कि उसे कहां बोलना है, कब बोलना है, क्या बोलना है, और कब चुप रहना है।

जीवन की अधिकांश परेशानियों से स्वयं ही छुटकारा पाया जा सकता है यदि हम मौन रहना सीख जाएं, अर्थात हम अच्छे श्रोता बन जाएं, शांत रहकर चुपचाप सामने वाले की बात को सुनना सीख जाएं।

मौन रहने का यह अर्थ कतई नहीं है कि बोलें ही नहीं; अपितु जब भी बोलने की आवश्यकता समझें, प्रत्येक शब्द तथा वाक्य को सोच-समझकर विवेकपूर्ण विचार करने के बाद ही बोलें।

जितने कम शब्दों में हम अपनी बात रखेंगे, हमारी बात का वज़न या प्रभाव उतना ही अधिक होगा। कई बार खामोश रहना हमारे हित में होता है। आवश्यक नहीं कि हर बात का जवाब दिया ही जाए।

किसी ने बहुत सही अवलोकन किया है कि **'मुँह बंद रखने वाली मछली कभी पकड़ी नहीं जाती।'**

किन परिस्थितियों में मौन रहना सही रहता है-

1. जब आप क्रोध में हों-

क्रोध आने पर हमारा अपने शब्दों और विचारों पर नियंत्रण नहीं रहता और ऐसे समय किए गए व्यवहार तथा बोले गए शब्दों के लिए हमें बाद में पश्चाताप होता है। अनेक स्थितियों में तो क्रोध में किए गए व्यवहार के दुष्प्रभावों को उम्र भर

झेलना पड़ता है। अतः क्रोध आने पर गहरी सांस लेते हुए स्वयं पर नियंत्रण करने का अभ्यास करना चाहिए।

2. अनिश्चितता की स्थिति में-

कई बार हम किसी बात को लेकर निश्चित नहीं होते, ऐसी स्थिति में चुप रहकर ध्यान से सामने वाले की पूरी बात को सुनना चाहिए। इससे उसके अभिप्राय को समझने में मदद मिलेगी और हम सही निर्णय लेने में सक्षम होंगे।

3. भावनाओं को साझा करने पर-

जब कोई व्यक्ति अपने मन की भावनाओं को खुलकर आपसे साझा कर रहा हो, तो ऐसी स्थिति में बिना व्यवधान के चुप रहकर उसे सुनना चाहिए।

4. संगठन के उच्च पद पर-

जब आप किसी संगठन में उच्च पद पर हैं, तो अपने अधीनस्थ अधिकारियों व कर्मचारियों की बात को ध्यान से सुनें और बहुत सोच-समझकर अपनी प्रतिक्रिया व्यक्त करें; ताकि वे आपकी बात अथवा शब्दों की ग़लत व्याख्या नहीं कर सकें।

5. प्रकृति के साथ होने पर-

प्रकृति अत्यंत खूबसूरत है और इसकी खूबसूरती का भरपूर आनंद तभी उठाया जा सकता है, जब हम शांतचित्त होकर स्वयं को मौन अवस्था में ढाल लें और प्राकृतिक वातावरण में मौजूद रंगों, आवाजों, संगीत, और सुगंध का अनुभव करें। ऐसे समय हमारे शब्दों की आवश्यकता नहीं होती। सूर्योदय और सूर्यास्त के समय का रम्य वातावरण हमें हमारे भीतर की ऊर्जा व शांति से परिचित कराता है। हम बिना कुछ बोले, बिना कुछ कहे, यदि प्राकृतिक सौंदर्य को निहारें, तो पक्षियों का कलरव, पेड़-पौधों की गंध से सराबोर वायु, दूर से सुनाई देने वाली मधुर आवाजें, सब कुछ मिलकर हमें अलौकिक अनुभव की प्राप्ति कराते हैं और हमारा मन खुशी से झूम उठता है।

73
आध्यात्मिक स्वास्थ्य
(SPIRITUAL HEALTH)

अपनी चेतना को देहात्म-भाव से मुक्त करके "स्व" में स्थित होकर, जीवन-व्यवहार को सुनियोजित करना ही आध्यात्मिक स्वास्थ्य है।

आत्मा और आध्यात्मिक स्वास्थ्य स्वयं के शारीरिक, मानसिक और सामाजिक पहलुओं को संतुलित करने की कुंजी हैं, जो उस आत्मा को किसी देवता, ब्रह्मांड की ऊर्जा या किसी अन्य ग्रह/क्षेत्र/आयाम से जोड़कर किया जाता है।

- तनाव और ब्लड प्रेशर कम करता है
- आत्मविश्वास, आत्म-सम्मान और आत्म-नियंत्रण बढ़ता है।
- शरीर की रोग-प्रतिरोधक शक्ति बढ़ती है।
- आपके संबंधों और सामाजिक संबंधों को बेहतर बनाती है। परिणामस्वरूप, आप नए लोगों से हमेशा मिलते हैं और बातचीत करते हैं और अच्छे संबंध बनाए रखते हैं। ये आपको हमेशा खुश और शांतिपूर्ण रहने में मदद करता है।

आध्यात्मिक स्वास्थ्य मानसिक और शारीरिक स्वास्थ्य जितना ही महत्वपूर्ण है क्योंकि यह वह तरीका है जिससे एक व्यक्ति दुनिया में अपना स्थान, अपना उद्देश्य और अपने अस्तित्व का कारण समझता है।

आध्यात्मिक स्वास्थ्य को प्राप्त करने के कई तरीके हैं, जैसे प्रार्थना, मंत्र और ध्यान (माइंडफुलनेस मेडिटेशन)। अन्य तरीकों में योग और ताई ची जैसे शारीरिक अभ्यास, जर्नलिंग, मंत्र-जाप जैसे अनुष्ठान, उत्सव और पवित्र दिनों का सम्मान करना शामिल है।

74
ईश्वर से मित्रता

हमारा जीवन ईश्वर द्वारा हमें प्रदत्त सबसे बड़ा उपहार है।

ईश्वर मित्र बनकर सदैव, हर क्षण हमारे साथ रहता है और हमारे हर अच्छे-बुरे कर्मों का साक्षी होता है। ईश्वर हमें जीवन के सही उद्देश्य का मार्ग दिखाता है। हर समय हमारे साथ बने रहने हेतु हमें ईश्वर का आभारी होना चाहिए, उसका धन्यवाद ज्ञापित करना चाहिए, क्योंकि **ईश्वर से मित्रता हमारा जीवन भर के लिए और जीवन का अनमोल उपहार है।**

भगवान के समक्ष बैठकर हमें शाश्वत आनंद की अनुभूति होती है। अतः हमें भगवान के प्रति समर्पण भाव से सम्पूर्ण आस्था और विश्वास रखना चाहिए।

यह सर्वविदित है कि-

भगवान सच्चिदानंद हैं,

भगवान सर्व शक्तिमान हैं,

भगवान सर्वस्व हैं,

भगवान सर्वव्यापी हैं।

अतः हमें यह मानकर चलना होगा कि-

भगवान सदैव हमारे साथ हैं,

भगवान हमारी सुनते हैं,

भगवान हमें प्रोत्साहित करते हैं,

भगवान हमें स्नेह और प्यार करते हैं,
भगवान हमारे सच्चे मित्र हैं।

हमें यह करना है-
भगवान से एकांत में बातें करो,
भगवान के साथ चलो,
भगवान के साथ जिओ,
भगवान पर भरोसा रखो।
क्योंकि -
परमात्मा हमारी शक्ति है,
परमात्मा हमारी ऊर्जा है,
परमात्मा परम आनन्द की अनुभूति है,
आत्मा ही परमात्मा है।

सुप्रसिद्ध दार्शनिक रूमी कहते हैं, -
"मैंने ईश्वर को खोजा और खुद को पाया;
मैंने स्वयं को खोजा और केवल ईश्वर को पाया।"

75
ईश्वर में श्रद्धा: स्वार्थ-सिद्धि वर्जित

हम यदि ईमानदारी से अपने हृदय पर हाथ रखकर स्वयं से पूछें कि हम मंदिरों में क्यों जाते हैं, तो उत्तर मिलेगा कि अपनी स्वार्थ-सिद्धि के लिए, अपनी इच्छाओं की पूर्ति हेतु। पूजा-अर्चना से हमारा वास्तव में कोई नाता नहीं है। हम ईश्वर से भीख मांगते हैं, उसके सामने गिड़गिड़ाते हैं-

'हे भगवान! मुझे अमीर बना दो।

मुझे जीवन में सफलता दिला दो।

मुझे अमुक पद दिला दो।' इत्यादि

सच्चाई तो यही है कि हम ईश्वर के प्रति सच्ची श्रद्धा, भक्ति अथवा विश्वास नहीं रखते। हम सिर्फ और सिर्फ अपने मतलब को साधने के लिए, अपनी इच्छाओं की पूर्ति हेतु ही उसके दरबार में हाजिरी लगाते हैं।

यह सच अधिक कड़वा तो तब हो जाता है जब हम अपनी शर्तों के साथ ईश्वर को विभिन्न प्रकार की रिश्वत देने की पेशकश कर बैठते हैं-

"भगवान! यदि आप मेरी अमुक इच्छा की पूर्ति कर देते हैं या मेरा अमुक कार्य बन जाता है, तो मैं आपको स्वर्ण मुकुट चढ़ाऊंगा, मैं आपके पोशाक चढ़ाऊंगा, आपका भव्य मंदिर बनवाऊंगा, इत्यादि।

सही मायने में देखा जाए तो यह कहना सर्वथा उचित होगा कि हमारी ईश्वर के प्रति कोई आस्था ही नहीं है, कोई समर्पण का भाव नहीं है, उस पर भरोसा ही नहीं है, यहां तक कि हम ईश्वर से प्रेम भी नहीं करते। हमारे लिए ईश्वर हमारी अपनी स्वार्थ-सिद्धि का साधन मात्र है।

वर्तमान समय में हम अपने चारों ओर नज़र डाले तो पाएंगे कि लोग नि:संकोच ईश्वर के नाम पर व्यापार कर रहे हैं। ईश्वर और धर्म की खुलेआम मार्केटिंग हो रही है और ऐसा करने में कोई शर्म का अनुभव भी नहीं करते हैं।

ज़रा सोचिए, कितने बड़े मूर्ख हैं हम लोग!

हम उस ईश्वर को 'कुछ' देना चाहते हैं, जिनके पास तो 'सब कुछ' है! ईश्वर तो हमें देता है, हमसे लेता नहीं है। ईश्वर तो स्वयं 'अष्ट सिद्धियों व नव निधियों' के स्वामी हैं। हम जो कुछ श्रद्धापूर्वक ईश्वर के चरणों में अर्पित करते हैं, उसे वह अपने भक्तों में ही बाँट देता है।

इसीलिए भगवान का कहना है कि-

"तू वही करता है, जो तू चाहता है,

होता वह है, जो मैं चाहता हूँ;

तू वह कर, जो मैं चाहता हूँ,

फिर वही होगा, जो तू चाहता है।"

76
दिव्य काल (डिवाइन टाइम)

ईश्वरीय समय का अर्थ है "सही समय पर, सही स्थान पर होना"।

जीवन की हर घटना एक निश्चित समय के अनुसार ही घटित होती हैं, जिसे हम कितनी भी कोशिश करे, नहीं बदल सकते हैं, न ही उसकी गति को संचालित कर सकते हैं अर्थात आपका कोई नियंत्रण नहीं है। एक प्रश्न मन में उठता हैं कि कभी-कभी घटनाएँ मेरे मन के अनुसार क्यों नहीं होती है? तब मैंने महसूस किया कि मुझे चीजें तब नहीं मिलती जब मैं चाहता हूँ बल्कि तब मिलती हैं जब मुझे वास्तव में जरूरत होती हैं।

इसका मतलब यह नहीं है कि आप कार्रवाई न करें और पूरे दिन बस सोफे पर बैठे रहें, कुछ न करें।

इसका सीधा सा मतलब है: "आप जीवन को वैसे ही स्वीकार करते हैं जैसे वह है, आप चीजों को घटित होने के लिए मजबूर करने की कोशिश नहीं करते हैं। आप नदी (जीवन शक्तियों) की धारा के विपरीत नहीं बहते, बल्कि आप उसके साथ बहते हैं।"

आप प्रत्येक क्षण की जागरूकता के साथ सहजता से जीना शुरू करते हैं क्योंकि आपको एहसास होता है कि सब कुछ जुड़ा हुआ है।

हो सकता है कि अभी कुछ ऐसा हो जो आपको वाकई बुरा लगे, लेकिन भविष्य में आपको एहसास होगा कि इन बुरी चीजों ने आपको एक मजबूत इंसान बनाया है।

इसलिए जीवन के दिव्य समय पर भरोसा करें, ब्रह्मांड में कुछ भी संयोग नहीं है, सब कुछ संरेखित और जुड़ा हुआ है।

ब्रह्माण्ड जानता है कि कब छिपे हुए अवसरों का अनावरण करना है, कब आत्मा को एक साथ लाना है, और कब धीरे-धीरे विकास और परिवर्तन की ओर मार्गदर्शन करना है।

एक बार जब आप उच्च शक्तियों-परमात्मा में विश्वास करना शुरू कर देते हैं, तो जीवन में जो कुछ भी होता है वह पूरी तरह से दैवीय शक्तियों द्वारा संचालित होता है।

ईश्वरीय समय पर भरोसा करना हमें जीवन के प्रवाह के प्रति समर्पण करने की अनुमति देता है, यह जानते हुए कि सब कुछ अपने स्वयं के ईश्वरीय क्रम में प्रकट होता है, हमारी कल्पना से परे चमत्कार और आशीर्वाद का अनावरण करता है।

ईश्वरीय समय श्रेष्ठ- सब कुछ सही समय पर ही होगा।

77
परमतत्व की प्राप्ति

कभी सुख, कभी दुःख, कभी अनुकूलता, कभी प्रतिकूलता, कभी मान, कभी अपमान, कभी निंदा, कभी स्तुति- ये सभी अवस्थाएँ आती-जाती रहती है और इन्हीं में मनुष्य फँसा रहता है। **और मिले, और मिले -ऐसी इच्छा हमेशा रहती है।**

प्राय: लोगों का मानना हैं कि परमतत्व को प्राप्ति के लिए बड़ा उद्योग मेहनत पड़ती है, जंगल में जाकर तपस्या करनी पड़ती है, बड़े-बड़े कष्ट सहने पड़ते हैं, तब कहीं जाकर ईश्वर की प्राप्ति होती है।

जितने भी संसार के काम हैं, उन सब में, यह सुगम है।

भाव यह है कि हम सब उस तत्व के प्राप्त करने के अधिकारी हैं।

केवल एक लक्ष्य हो जाये कि हमें उस तत्व की प्राप्ति करनी है।

अगर हमारे में अविनाशी तत्व को प्राप्त करने की तीव्र अभिलाषा जागृत हो जाये, तो वह अवश्य प्राप्त होगा। -स्वामी रामसुखदासजी महाराज

78
“मानवता” सर्वोत्तम धर्म

धर्म विश्वास और अनुष्ठान की एक संगठित प्रणाली है, जो अपने अनुयायी को अलौकिक दैवीय शक्ति से जोड़ती है।

विश्व के सभी धर्मों में-

- मान्यताएँ-विचार एवं मूल्य,
- पौराणिक (mythological)- अलौकिक एवं पवित्र कहानियाँ,
- रीति-रिवाज एवं संस्कार,
- सामाजिक संगठन (समुदाय) होते हैं।

सभी धर्म एक ही ईश्वर को अलग-अलग नामों से पुकारते हैं।

हिंदू धर्म में ईश्वर को परमात्मा,
ईसाई धर्म में यहोवा और
इस्लाम में अल्लाह कहा जाता है।

सभी धर्म कहते हैं कि ईश्वर ने पूरी पृथ्वी और मानवता की रचना की।
कोई भी धर्म किसी अन्य धर्म से बेहतर या बुरा नहीं है।
"मज़हब नहीं सिखाता आपस में बैर रखना।"

-शायर मुहम्मद इकबाल

वास्तव में, हम सभी धर्म में विश्वास तो करते हैं लेकिन धर्मों के मूल सिद्धांतों का पालन नहीं करते है।

पत्थर में भगवान है, यह समझने में धर्म "सफल" है, पर इंसान में भगवान है, यह समझने में सभी धर्म "असफल" हैं।

आजकल धर्म लोगों को जोड़ता नहीं बल्कि बाँटता है। राजनेता इसे धार्मिक समुदाय के बीच नफरत फैलाने के लिए एक राजनीतिक एजेंडे के रूप में उपयोग कर रहे हैं।

मैं केवल एक ही धर्म का पालन करता हूँ - "मानवता का धर्म।"

विभिन्न धर्मों (संप्रदायों) के माध्यम से **मानवता का धर्म** का अभ्यास करके, व्यक्ति अपनी चेतना की विकासवादी यात्रा पूरी करता है और आध्यात्मिकता के आयाम में प्रवेश करता है, जहाँ वह अपने अहंकार को पार करता है और ब्रह्मांड के साथ एकता के अनुभव के रूप में मुक्ति प्राप्त करता है।

स्वामी विवेकानन्द ने ठीक ही कहा है:

"यदि आप धार्मिक होना चाहते हैं, तो किसी भी संगठित धर्म के द्वार में प्रवेश न करें, वे अच्छाई की तुलना में सैकड़ों गुना अधिक बुराई करते हैं। क्योंकि, वे प्रत्येक व्यक्ति के व्यक्तिगत विकास में बाधा डालते हैं।"

आइए हम धर्म और भगवान के नाम पर लड़ना बंद करें। केवल एक ही धर्म को मानें : "मानवता का धर्म"

मानवता ही सर्वोत्तम धर्म है।

79
बिना फल की इच्छा किये कोई कर्म क्यों करेगा?

भगवत् गीता का प्रसिद्ध श्लोक:

कर्मण्येवाधिकारस्ते मा फलेषु कदाचन।

मा कर्मफलहेतुर्भूर्मा ते संगोअस्त्व कर्मणि।।

यहां पर भी फलेच्छा की मनाही नहीं की गई है अपितु कर्मफल पर आपका अधिकार न होने की बात कही गई है। कर्मफल का हेतु मत बन और अकर्मण्यता मे तेरी आसक्ति न हो।

ईशावास्योपनिषद के श्लोक ||

"कुर्वन्नेवेह कर्माणि जिजिविषेत् शतं समा:"

एवं त्वयि नान्यथेतोअस्ति न कर्म लिप्यते नरे।।2.0

यहाँ पर भी निरंतर कर्म करते हुए सौ वर्ष जीने की इच्छा बात कही गई है। इच्छा कर्मफल पर ही आश्रित होती है।

कर्म फलेच्छा से यदि कर्म का प्रारंभ करते हैं तो वांछित फल न मिलने की दशा में नैराश्य का भाव पनपता है और कर्म की निरंतरता संदेहास्पद हो जाती है। यदि आप योगस्थ होकर कर्म करते हैं तो कर्म फल की अपेक्षा न होने से कर्म की सफलता बढ़ जाती है और कर्म निरंतर रहता है।

"योगस्थः कुरू कर्माणि"।

फलेच्छा होगी, तो आसक्ति भी होगी, आसक्ति जहां वहां,भोक्तृत्व भी होगा। यदि भोग की निरंतरता रही तो मुक्ति का मार्ग दुरूह हो जाता है। भोगी को केवल भक्ति ही मुक्ति दे सकती है। ज्ञानयोग तो कर्मयोग से भी दुरूहत्तर होता है।

प्रत्येक कर्म का कोई न कोई फल अवश्य होता है किंतु कब प्राप्त होगा, यह कर्ता के अधिकार क्षेत्र में नहीं होता है किंतु कर्ता अपने कर्म का त्वरित और वांछित फल चाहता है, न मिलने पर भाग्य अथवा स्वयं को दोषी मानकर प्रयास करना बंद कर सकता है।

यदि आपकी कर्मफलेच्छा श्रेय के मार्ग पर अग्रसर है तो कर्मफल की इच्छा के साथ कर्म करने में कोई बाधा नहीं होती है। प्रेय के मार्ग मे फलेच्छा अवश्य आसक्ति का कारण बनती है।

जो व्यक्ति अपने कार्य को धर्म समझता और पूरे लगन से करता है चाहे वो छोटा हो या बड़ा, उस कार्य को भले ही कई प्रयासों के बाद सफल प्राप्त करता है।

अधिकतर यदि हमें सफलता मिल गयी तब हमें खुशी तो होगी लेकिन हमारे मन में उम्मीद अधिक जाग जाएगी और मन का रुख उन उम्मीदों के पाने या ना पाने में घूमता रहेगा और अपने लक्ष्य से हट जायेगा।

आत्मा कर्म करने में स्वतंत्र (अधिकार) है किन्तु फल भोगने के लिए परमात्मा की व्यवस्था के अधीन है।

हर कर्म का फल तो मिलना ही है, अगर आपने अच्छा कर्म किया, तो अच्छा ही मिलेगा और वही आने वाला भविष्य भी सुधरेगा। और किसी वृति के चलते, गलत कर्म किये, तो उनके परिणाम भी आएंगे। जब तक जीवित है, कर्म तो सबको करने ही हैं।

कर्म फल कैसे काम करता है?

एक बार देवर्षि नारद वैकुंठ धाम गए और श्रीहरि से कहा-

"प्रभु, पृथ्वी पर आपका प्रभाव कम होता जा रहा है। धर्म पर चलने वालों को कोई अच्छा फल नहीं मिल रहा, जो पाप कर रहे हैं उनका भला हो रहा है।"

भगवान ने कहा-

"कोई ऐसी घटना बताओ।"

नारद ने कहा-

"अभी मैं एक जंगल से आ रहा हूँ, वहाँ एक गाय दलदल में फंसी हुई थी। एक चोर उधर से गुजरा, गाय को फंसा हुआ देखकर भी नहीं रुका। वह उस पर पैर रखकर दलदल लांघकर निकाल गया। आगे जाकर चोर को सोने की मोहरों से भरी एक थैली मिली।

फिर वहाँ से एक वृद्ध साधु गुजरा। उसने गाय को बचा लिया। मैंने देखा कि गाय को दलदल से निकलने के बाद वह साधु एक गड्ढे में गिर गया। प्रभु, बताइए यह कौन सा न्याय है?"

नारद की बात सुनने के बाद प्रभु बोले-

"यह सही ही हुआ। जो चोर गाय पर पैर रखकर भागा था, उसकी किस्मत में तो खजाना था लेकिन उसके कर्म के कारण उसे केवल कुछ मोहरें ही मिलीं।

वहीं, उस साधु को गड्ढे में इसलिए गिरना पड़ा क्योंकि उसके भाग्य में मृत्यु लिखी थी लेकिन गाय को बचाने के कारण उसके पुण्य बढ़ गए और उसकी मृत्यु एक छोटी सी चोट में बदल गई।"

यही कर्म फल है!!!

आज के समय ही नहीं आदि काल से ही मानव अपनी विचार शक्ति और बुद्धि के कारण फल की इच्छा से ही कार्य करता रहा है। इसी कड़ी में एक इच्छा पूरी होने पर दूसरी नयी इच्छा जाग जाती है और उसे पूरा करने में हम लोग दूसरे लोगों को एवं प्रकृति को जाने- अनजाने नुकसान और दुख पहुंचा देते हैं।

दूसरों को दिये दुख एवं सुख के कारण हमें भी भविष्य के जन्म-जन्मांतर में अन्य अनेक जीवों के शरीर प्राप्त कर कष्ट भोगने पड़ते हैं और सुकर्मो की वजह से सुख समृद्धि भी प्राप्त करते हैं। इसी भाव को प्रकट करते हुए आगे कहा गया कि

कर्म प्रधान विश्व करि राखा।

जो जस करै सो तस फल चाखा।।

अच्छे कर्म करके अच्छे फल प्राप्त करें, कर्म करते हुए किसी को कष्ट न पहुँचायें या फिर कर्मफल को ईश्वर को अर्पित करें अर्थात सारे कामों को ईश्वर का मानकर करते रहें।

कभी ये ना कहें यह काम मैंने किया है, बल्कि ईश्वर की इच्छा से हुआ है, ईश्वर ने मुझे माध्यम बनाया है।

फल की इच्छा से कर्म करना मनुष्य के लिए बिल्कुल स्वाभाविक है, फल ही प्रेरित करता है कर्म करने के लिए।अब यदि मनोवांछित फल न मिले तो क्रोध आयेगा, यदि मिल जाए तो लालच (लोभ) आएगा, निरंतर फल मिलता जाये संरक्षित भी रहे तो मोह आयेगा।अन्य कोई कर्म का अच्छा फल नहीं पा सके, केवल मैंने पाया तो घमंड (अहंकार) आएगा। और इन क्रोध, लोभ, मद (नशा), मोह, अहंकार में से एक भी आ गया तो बुद्धि-विवेक नष्ट हो जाएंगे, जिनके बल पर अच्छे फल प्राप्त हुए थे।

कर्म का अर्थ है- आराधना

आचार्य प्रशांत: **बिरला होता है वह आदमी जिसका कर्म उसका स्वयं का होता है।**

80

“ईश्वर का प्रसाद है दुःख”

जब भगवान सृष्टि की रचना कर रहे थे, तो उन्होंने जीव को कहा कि तुम्हें मृत्युलोक जाना पडेगा, मैं सृष्टि की रचना करने जा रहा हूँ। ये सुन जीव की आँखों में आँसू आ गए, वो बोला- “प्रभु! कुछ तो ऐसा करो कि मैं लौटकर आपके पास ही आऊँ।” भगवान को दया आ गई। उन्होंने दो कार्य किये जीव के लिए। पहला संसार की हर चीज़ में अतृप्ति मिला दी, और जीव से कहा- “तुझे दुनिया में कुछ भी मिल जाये परन्तु तू तृप्त नहीं होगा, तृप्ति तभी मिलेगी जब तू मेरे पास आएगा और दूसरा सभी के हिस्से में थोड़ा-थोड़ा दुःख मिला दिया है ताकि तू लौट कर मेरे ही पास पहुँचे।”

इस तरह हर किसी के जीवन में थोड़ा दुःख है। जीवन का दुःख या विषाद हमें ईश्वर के पास ले जाने के लिए है। लेकिन हम चूक जाते हैं। हमारी समस्या यह है कि जब हमें दुःख या तकलीफ आती है, हम भागते हैं ज्योतिष के पास, अपने दोस्तों और रिश्तेदारों के पास। कुछ होने वाला नहीं। थोड़ी देर का मानसिक संतोष बस, यदि दुखों से घबराये नहीं और ईश्वर का प्रसाद समझ कर आगे बढ़ें तो बात बन जाती है।

यदि हम ईश्वर से विलग होने के दिनों को याद कर ले तो बात बन जाती है और जीव दुखों से भी पार हो जाता है। दुःख तो ईश्वर का प्रसाद है। दुखों का मतलब है, ईश्वर का बुलावा है। वो हमें याद कर रहा है। पहले भी ये विषाद और दुःख बहुत से संतों के लिए ईश्वर प्राप्ति का मार्ग बन चुका है। हमें ये बात अच्छे से समझनी चाहिए कि संसार में हर चीज़ में अतृप्ति है और दुःख और विषाद ईश्वर प्राप्ति का साधन है।

जय जया श्री राघे

श्रीजी की चरण सेवा

81
अपना आभार व्यक्त करें...

प्रतिदिन सुबह,

मैं इनके प्रति अपना आभार व्यक्त करता हूँ:

- सर्वशक्तिमान ईश्वर का, जिन्होंने मुझे जीवन में अपना उद्देश्य पूरा करने के लिए आज अद्भुत दिन दिया।
- मेरे माता-पिता का, जिन्होंने मुझे पूर्ण आत्मविश्वासी आदमी बनाया और जिनसे मुझे भरपूर प्यार मिला।
- मेरे गुरु (शिक्षकों) का, जिन्होंने न केवल मुझे शिक्षित किया बल्कि जीवन के हर कदम पर मेरा मार्गदर्शन किया।
- प्रकृति माँ के लिए, जिसने मुझे सूर्योदय, शांति, ताजी हवा, पक्षियों के संगीत और कई अन्य वास्तविक सुंदर रंगों से परिचित कराया।
- मेरे मित्रों और शुभचिंतकों को, जिन्होंने मेरे कठिन संघर्ष के दिनों में मेरा साथ दिया।
- आइए हम उन लोगों के प्रति अपना आभार व्यक्त करें जो जीवन में हमारी यात्रा को सुंदर, आसान और दिलचस्प बनाते हैं। वे ब्रह्माण्ड के देवदूत हैं जिनकी हम अक्सर सराहना करना भूल जाते हैं।

82
हम बच्चों से कैसे सीख सकते हैं?

बच्चे भगवान का उपहार हैं, हर एक विशेष, सुंदर, अद्वितीय और प्यार करने लायक हैं।

एक बच्चा हमें तीन चीजें सिखा सकता है:
बिना किसी कारण के खुश रहना,
हमेशा किसी न किसी चीज में व्यस्त रहना,
और यह जानना कि अपनी पूरी ताकत से जो वह चाहता है, उसकी मांग कैसे करें"।

बिना किसी कारण के खुश रहना

वे बिना कारण जाने हर स्थिति में खुशी महसूस करते हैं और उसका आनंद लेते हैं। बच्चों में अपने चारों ओर खुशी खोजने की सुंदर क्षमता होती है।

हमेशा किसी न किसी काम में व्यस्त रहना

वे अक्सर एक समय में घंटों तक अपने रचनात्मक प्रोजेक्ट में शामिल रहते हैं। चित्र बनाना, मिट्टी से खेलना, बारीकियों पर बारीकी से ध्यान देकर रेत का महल बनाना। एक बच्चे का जीवन असीमित लगता है क्योंकि वे विफलता या अपमान के डर से सीमित नहीं होते हैं। वे आशा और दृढ़ संकल्प के साथ आगे बढ़ते हैं क्योंकि वे इससे बेहतर कुछ नहीं जानते हैं। वे जीवन और उससे जुड़ी हर चीज़ को खुली बाँहों से स्वीकार करते हैं।

> "जब बच्चे जो कर रहे हैं, उसके प्रति जुनूनी होते हैं तो उनमें एकाग्रता और कड़ी मेहनत करने की अपार क्षमता होती है।"
> -जॉन गट्टो

हर दिन को नए सिरे से शुरू करना

बच्चे हर दिन को अनंत काल की तरह महसूस करते हैं और उनके लिए एक नए दिन का मतलब है नए दोस्त बनाने, नए रोमांच, नए आदर्श वाक्य और नई चीजें सीखने के नए अवसर।

हर दिन हँसना और मुस्कुराना

बच्चों में अपने चारों ओर खुशी खोजने की सुंदर क्षमता होती है। बस उस हास्य को देखें जो एक बच्चा किसी शॉपिंग मॉल या पार्क में पा सकता है।

प्रकृति मैत्री विकसित करने की क्षमता रखना

बच्चों को दोस्तों के साथ खेलने में सच्ची खुशी मिलती है और उन्हें नए दोस्त बनाना बहुत पसंद होता है। वे फ़ुटबॉल टीमों में शामिल होते हैं, जन्मदिन पार्टियों में जाते हैं और नए स्कूल शुरू करते हैं। ये सभी तरीके हैं जिनसे बच्चे नए दोस्त बनाते हैं। बच्चे इस आदर्श वाक्य का पालन करते हैं, **"जितना अधिक, उतना अच्छा।"**

बिना शर्त प्यार करना

बदले में कुछ भी अपेक्षा किए बिना देना सीखें, क्योंकि यही वास्तविक और बिना शर्त प्यार है, और यही वह है जो बच्चे आपको सिखा सकते हैं।

उनकी आँखों में वो चमक... आकर्षण और प्यार का जादू

जब वे आपको और आपके आस-पास मौजूद सभी लोगों को देखते हैं तो उनकी आंखों में प्रशंसा झलकती है।

यह जानना कि अपनी पूरी ताकत से मांग कैसे करनी है

वे अपनी इच्छाओं के लिए जोर-जोर से रोते हैं और तब तक नहीं रुकते जब तक उन्हें वह नहीं मिल जाता जो वे चाहते हैं। फिर हँसने लगते हैं।

आसानी से माफ कर देना और भूल जाना

बच्चे परेशान हो जाते हैं और अगले ही पल झगड़े की बात आसानी से भूल जाते हैं। वे कभी भी द्वेष को सामने नहीं रखते।

नई चीज़ें और नया अनुभव आज़माना

बच्चे ऐसा खेल खेलने से नहीं डरते जो उन्होंने पहले कभी नहीं खेला हो। वे ट्रैंपोलिन पर कूदेंगे, पूल में गोता लगाएंगे या पहाड़ से स्कीइंग करेंगे, भले ही यह उनके लिए विदेशी हो।

"वे सरल आत्मा हैं, दयालुता और उदारता से भरे हुए हैं और दिन भर का बोझ या नाराजगी नहीं उठाते हैं। सोते हुए बच्चे के चेहरे को देखें- शांत, मुस्कान और शांति।"

83
"आंतरिक शांति का सूत्र"

खुद पर नियंत्रण रखें
अपना दृष्टिकोण बदलें
नकारात्मकता हटाएं
अपने आप पर नियंत्रण रखें,
वैकल्पिक समाधान खोजें,
उस स्थिति को हटा दें जो आपको चोट पहुँचाती है

यह आपके जीवन के दृष्टिकोण को बदल देगा जिससे आप जीवन को नये तरीके से पुनः आरंभ कर सकेंगे।

अपने व्यवसाय को पुनः आरंभ करें। अपने जीवन को रीबूट करें। आपका भविष्य इस पर निर्भर करता है।

यह सरल लेकिन शक्तिशाली मंत्र आपके जीवन को बदलने की कुंजी रखता है।

अपनी प्रतिक्रियाओं पर महारत हासिल करके, अपनी मानसिकता को बदलकर और विषाक्त विचारों को हटाकर, आप शांति और प्रगति की दुनिया बना सकते हैं।

अपने लक्ष्यों और सपनों पर अपना ध्यान केंद्रित करने और नकारात्मकता पर कम ध्यान केंद्रित करने के लिए एक प्रभावी अनुस्मारक।

यदि आप अपने पीछे आने वाले हर नकारात्मक विचार को हटा सकें तो आपका जीवन कैसा होगा?

"डंप करें" या "हटा दें"।

84
पैसे के नियम

पहले स्वयं भुगतान करें,
सीखें कि कैसे निवेश करें,
अपनी कमाई से कम खर्च करें,
पैसा सोच-समझकर खर्च करें- बर्बाद न करें
एक वित्तीय योजना बनाएं और अपना लक्ष्य निर्धारित करें,
अपने वित्तीय प्रबंधन को व्यवस्थित रखें,
यह एक खेल है, जानें कि यह आपके लिए कैसे काम करता है,
पैसा हमेशा आपके लिए काम करे,
अपने वित्त को स्वचालित करें,
हर दिन पैसे कमाएँ, तब भी जब आप सो रहे हों,
हमेशा एक आपातकालीन निधि रखें,
अपनी जोखिम क्षमता को जानें, इसका लाभ उठाएं,
शेयर बाजार में निवेश के लिए कर्ज न लें,
यदि आपके पास नकदी नहीं है तो क्रेडिट कार्ड का उपयोग न करें,
समस्याओं को हल करने के लिए धन का उपयोग करें,
जानें कि अपने धन/निवेश को कैसे सुरक्षित रखें।

85
वित्तीय स्वतंत्रता

पैसा अंतिम लक्ष्य नहीं है।
अंतिम लक्ष्य है:
आपके पास विकल्प हो,
दुनिया की यात्रा करें,
अपने शेड्यूल पर काम करें,
अपनी पसंद की चीजें खरीदें और आनंद लें,
अपने परिवार और प्रियजनों के साथ गुणवत्तापूर्ण समय बिताएं।
आपको बस आज़ादी चाहिए।
लेकिन स्वतंत्रता के लिए धन की आवश्यकता होती है।
आजादी खरीदने के लिए पैसे का बुद्धिमानी से उपयोग करें।

वित्तीय स्वतंत्रता का अर्थ है अपने जुनूनों-सपनों को आगे बढ़ाने, जीवन को पूरी तरह जीने के लिए समय और संसाधन उपलब्ध कराना। पैसा ख़ुशी नहीं खरीद सकता, लेकिन यह स्वतंत्रता, सुरक्षा और अवसर खरीद सकता है।

86
सबसे बड़ा जोखिम, जोखिम न लेना है

'जोखिम न लेना सबसे बड़ा जोखिम है।' -मार्क जुकरबर्ग

- जीवन स्वाभाविक रूप से जोखिम भरा है और भविष्य कभी भी हमारे नियंत्रण में नहीं होता जितना हमें मानना सिखाया जाता है। इसलिए जैसे-जैसे जीवन की घटनाएँ और अचानक परिवर्तन... यहाँ तक कि विपरीत परिस्थितियाँ... आप पर थोपी जाती हैं, जोखिम से बचने वाले व्यक्ति के रूप में आपके लिए इसका सामना करना अधिक कठिन हो जाएगा।

इसलिए अंतर्निहित अनिश्चितता को स्वीकार करना और अपनी पसंद के कुछ जोखिम लेना बेहतर है... जोखिम समान माप में फायदेमंद नहीं हो सकता है लेकिन आप अधिक दिलचस्प और अनुकूलनीय जीवन जिएंगे।

परिकलित जोखिम (Calculated Risk):

जोखिम को मापकर लेना यानी गणना करके जोखिम उठाना : आप क्या खो सकते हैं और क्या हासिल कर सकते हैं?

- आप सूचित निर्णय ले सकते हैं।
- आप अज्ञात चीज़ों को कम कर सकते हैं। आप नवाचार को बढ़ावा दे सकते हैं।
- आप अवसर पैदा कर सकते हैं।
- आप विकास को बढ़ावा दे सकते हैं।

सबसे बड़ा उदाहरण है- शेयर मार्केट जहाँ वही व्यक्ति लखपति और करोड़पति बन सकता है जो अधिक से अधिक सोच-समझकर रिस्क उठा सकता है।

जोखिमों से बचना उन्हें लेने से अधिक हानिकारक हो सकता है।

यह विचार कई प्रमुख बिंदुओं पर जोर देता है:

1. चूके हुए अवसर (Missed Opportunity): जोखिम न लेने से, आप विकास, सीखने और उपलब्धि के मूल्यवान अवसरों से चूक सकते हैं। चाहे निजी जीवन हो, करियर हो या रिश्ते, सुरक्षित तरीके से खेलने से ठहराव आ सकता है।

2. असफलता का डर (Fear of Failure): अक्सर, असफल होने का डर व्यक्तियों को अपने लक्ष्य हासिल करने से रोक सकता है। हालाँकि, असफलता अक्सर सीखने की प्रक्रिया का एक महत्वपूर्ण हिस्सा होती है और लंबे समय में बड़ी सफलता का कारण बन सकती है।

3. कम्फर्ट जोन (Comfort Zone): अपने कम्फर्ट जोन में रहना सुरक्षित महसूस हो सकता है, लेकिन यह आपकी क्षमता को सीमित कर सकता है। जोखिम लेने में अक्सर इस क्षेत्र से बाहर कदम रखना शामिल होता है, जिससे नए अनुभव और व्यक्तिगत विकास हो सकता है।

4. पछतावा (Regrets): बहुत से लोगों को उन अवसरों के खोने का अधिक पछतावा होता है जो उन्होंने नहीं लिए हैं। यह डर को आप पर हावी न होने देने के बजाय अपनी आकांक्षाओं पर कार्य करने के महत्व पर प्रकाश डालता है।

असली जिंदगी में भी हमें आगे बढ़ने के लिए कई जोखिम उठाने पड़ते हैं, चाहे वो आजीविका के लिए हो, बिज़नेस के लिए या जिंदगी के लिए हैं, जोखिम तो उठाने ही पड़ते हैं।

फिर हम जोखिम उठाने से क्यों डरें।

87
अमीरी मन से होती है

अमीरी मन से होती है, सोच से होती है, पैसे से नहीं। पैसा आज है, कल जा भी सकता है परन्तु जो इंसान सोच से अमीर है, जो यह जानता है कि पैसे को कैसे संभाला जाय, पैसे को कैसे कमाया जाय, पैसे को कैसे बनाया जाय, वो कभी गरीब नहीं हो सकता। इस दुनिया में सच्चा अमीर वो ही है, जो पैसे के पीछे नहीं भागे।

जो खुद पैसे के लिए काम नहीं करे बल्कि उसका पैसे उसके लिए काम करे - २४ घंटे काम करता रहे, वो ही पैसे को गुलाम बना सकता है।

-अमीर पिता गरीब पिता : रॉबर्ट टी. कियोसाकी

88
दाम्पत्य जीवन की नींव

"एक सच्चा रिश्ता वह है जो
आपके अतीत को स्वीकार करता है,
आपके आज का समर्थन करता है,
आपसे प्यार करता है और
आपके भविष्य को प्रोत्साहित करता है,
जहाँ आप एक-दूसरे के बिना नहीं रह सकते।"

- दरअसल आपसी प्रेम, समझ और भरोसा दांपत्य जीवन की नींव है।
- एक-दूसरे के विचारों, भावनाओं और इच्छाओं को समझें, कुछ कमियां हैं, तो खुबियां और अच्छाईयां भी बहुत हैं, कमियों को अनदेखा करें।
- एक-दूसरों के सामने अपनी भावनाओं, विचारों और चिंताओं को खुलकर जाहिर करें, उस पर गंभीरता से विचार करें और एक आपसी सहमति और समझ पैदा करें।
- जीवन में बदलाव और उतार-चढ़ाव आते रहते हैं, उस समय एक-दूसरे की परवाह करना नहीं छोड़ेंगे।
- जीवन में एक-दूसरे को पर्सनल स्पेस देंगे- उसमें दखलंदाजी नहीं करेंगे। एक-दूसरे की व्यक्तिगत रूचियों का समर्थन भी करेंगे और सपनों (Passion) को पूरा करने में सहयोग करेंगे।
- सुख-दुख साझा करेंगे।
- हम मिलकर इस रिश्ते की नींव को मजबूत बनायेंगे।

- रिश्तों को जोड़े रखने के लिए कभी अंधा, कभी बहरा, तो कभी गुंगा होना पड़ता है।

रिश्ता तब मजबूत होता है, जब दोनों गलतियों को समझने और एक-दूसरों को माफ करने को तैयार होते हैं।

89
संबंधों के कुल पाँच सीढ़ियां

1. देखना,

2. अच्छा लगना,

3. चाहना,

4. पाना,

यह चार बहुत सरल सीढ़ियां हैं

और सबसे कठिन सीढ़ी है

जिसका नाम है,

निभाना।

90
आदर्श रिश्ते की तलाश

भले ही आप अपना पूरा जीवन पुरुषों या महिलाओं के बीच एक आदर्श रिश्ते की तलाश में बिता दें लेकिन आपको व्यक्तिगत रिश्तों में शायद ही कभी पूर्णता मिलेगी। आदर्श संबंध अस्तित्व में नहीं है क्योंकि कोई भी पूर्ण नहीं है।

हममें से हर एक में खामियाँ और कमज़ोरियाँ हैं। व्यक्तित्व के नकारात्मक पहलुओं पर गौर करने के बजाय, उनके साथ समझौता करना और उन्हें वैसे ही स्वीकार करना बेहतर है।

एक महान रिश्ता मतभेदों पर काम करते हुए समानताओं को स्वीकार करने के बारे में है। हमें अपनी लोलुप इच्छाओं को शांत करना चाहिए, समझौता करने की कला सीखनी चाहिए और रिश्ते को अपने लाभ के लिए कैसे चलाना चाहिए, यह कभी भी आसानी से या स्वाभाविक रूप से नहीं आएगा, हमें इसे बनाने के लिए अभ्यास करना होगा।

और शायद यह हमारे रिश्ते को बनाए रखने का सबसे अच्छा तरीका है।

91
रिश्तों की अहमियत

रिश्ता कोई भी हो, उसमें शामिल सभी लोगों के लिये सम्मान, विश्वास और खुशी हमेशा जरूरी होती है।

-N. Jain

रिश्तों का गलत इस्तेमाल कभी मत करना,

अच्छे लोग जिन्दगी में बार-बार नहीं आते।

रिश्तों में समझदारी होना बहुत जरूरी है,

बुरा दोनों को लगता है, ये दोनों को समझना जरूरी है

किसी रिश्ते में जब दूरियाँ बढ़नी शुरू हो जाए तो उस इंसान का विरोध करने की बजाय, खामोश रहना सीख लीजिये।

हाँ, आपको पता है कि समस्या क्या है, तो उस इंसान को भी पता है कि वो समस्या है, इसलिये आप लड़कर नहीं बताएं।

दो कदम पीछे खींच लीजिये।

अगर आपकी खामोशी, उस इंसान को परेशान करती है तो वह इंसान खुद-ब-खुद आपके पास आयेगा और पूछेगा क्यों बदल रहे हो।

उसे यह दूरी चुभेगी।

उसे भी तकलीफ होगी, जितनी आपको होती है।

अगर उसे आपकी चिंता नहीं है, आपका ख्याल नहीं है, तो यह आपके लिए इशारा है कि यह रिश्ता धीरे-धीरे अंत की तरफ जा रहा है- आप लड़कर भी उसे हासिल नहीं कर सकते।

मैं झुक गया तो वो सजदा समझ बैठे,

मैं तो इंसानियत निभा रहा था,

वो खुद को खुदा समझ बैठे

किसी को भी अपने जीवन में बने रहने के लिये मजबूर न करें।

अगर वो आपको वास्तव में चाहते हैं तो वे रोकेंगे।

92

शादी को खुशहाल बनाने ५ मंत्र : सुधा मूर्ति

- **संघर्ष की स्वीकृति**: पहला मंत्र - विवाह में हमेशा संघर्ष रहेगा। वह सोचती है कि जोड़ों को यह समझना चाहिए कि वे असहमत होंगे। अगर जोड़ा कहता है कि वे कभी नहीं लड़ते, तो शायद वे पति-पत्नी नहीं हैं। यह स्वीकार करने से कि वे असहमत होने के लिए बाध्य हैं, साझेदार अपने मतभेदों को बेहतर ढंग से प्रबंधित कर सकते हैं। यह वास्तविकता रिश्ते के भीतर लचीलापन और समझ बनाने में मदद करती है, और इसलिए, प्रभावी संचार और मुद्दों के समाधान के लिए आधार तैयार करती है।
- **असहमति के दौरान शांति**: मूर्ति का दूसरा मंत्र संघर्ष के दौरान शांति की आवश्यकता के बारे में है। वह सलाह देती हैं कि जब एक पार्टनर परेशान हो तो दूसरे को शांत रहने की जरूरत है। इससे मामला नहीं बढ़ता और वे समस्याओं के बारे में तर्कसंगत ढंग से बात कर सकते हैं। सुधा अपने पति, नारायण मूर्ति के साथ अपना व्यक्तिगत अनुभव साझा करती हैं, जहां वे गर्म क्षणों के दौरान चुप्पी बनाए रखती हैं - एक व्यक्ति अपनी भावनाओं को व्यक्त करता है जबकि दूसरा धैर्यपूर्वक सुनता है। यह अभ्यास एक ऐसा वातावरण बनाता है जहां दोनों साझेदारों को सुना और समझा जाता है, जिससे स्वस्थ संकल्प प्राप्त होते हैं।
- **देने और लेने का सिद्धांत**: सुधा मूर्ति का तीसरा मंत्र रिश्ते में देने और लेने के बारे में है। सुधा जी के मुताबिक कोई भी जोड़ा परफेक्ट नहीं होता। प्रत्येक पति-पत्नी विवाह में अपनी ताकत और कमजोरियाँ लाते हैं। इसीलिए, एक

सफल विवाह में, इस संतुलन को पहचानना महत्वपूर्ण है। वह कहती हैं कि दोनों को मिलकर काम करना होगा, एक-दूसरे की खामियों को स्वीकार करते हुए उनकी सकारात्मकताओं का जश्न मनाना होगा। यह आपसी समझ दोनों व्यक्तियों के विकास के लिए एक सहायक माहौल तैयार करेगी।

- **साझा जिम्मेदारियाँ**: सुधा मूर्ति ने आगे घर में साझा जिम्मेदारियों का आह्वान किया। वह आधुनिक पुरुषों से घरेलू काम में, विशेषकर रसोई में, अपनी पत्नियों का सहयोग करने का आह्वान करती हैं। इस तरह के कार्यों को साझा करने से कामकाजी महिलाओं के लिए पेशेवर और घर की जिम्मेदारियां संभालने का बोझ कम हो सकता है। सुधा के अनुसार, जब दोनों पक्ष घर में जिम्मेदारी साझा करते हैं, तो वे अपने बंधन के साथ-साथ विवाह में समानता को भी मजबूत करते हैं।

- **अहंकार को बीच में न आने दें**: अंतिम मंत्र रिश्तों में अहंकार की विनाशकारी प्रकृति से संबंधित है। सीएनबीसी टीवी18 के साथ एक साक्षात्कार के दौरान सुधा मूर्ति ने जोड़ों को सलाह दी कि वे कभी भी घमंड और अहंकार को अपने रिश्ते में हस्तक्षेप न करने दें। जब अहंकार हावी होता है तो बहुत सारी गलतफहमियां और निराशा होती हैं। जब जोड़े एक-दूसरे की भावनाओं पर विचार करने के बजाय अपने आत्म-गौरव को अधिक महत्व देंगे तो अहंकार हावी हो जाएगा।

93
प्रकृति के नियम

1. प्रकृति का पहला नियमः- यदि खेत में बीज न डाले जाएं, तो कुदरत उसे घास-फूस से भर देती हैं। ठीक उसी तरह से दिमाग में सकारात्मक विचार न भरे जाएं, तो नकारात्मक विचार अपनी जगह बना ही लेती हैं।

2. प्रकृति का दूसरा नियमः जिसके पास जो होता है, वह वही बांटता है।
* सुखी सुख बांटता है
* दुःखी दुःख बांटता है
* ज्ञानी ज्ञान बांटता है
* भ्रमित भ्रम बांटता है
* भयभीत भय बांटता हैं

3. प्रकृति का तीसरा नियमः आपको जीवन में जो भी मिले, उसे पचाना सीखो क्योंकि;
* भोजन न पचने पर रोग बढ़ते हैं
* पैसा ना पचने पर, दिखावा बढ़ता है
* बात न पचने पर, चुगली बढ़ती है
* प्रशंसा न पचने पर, अहंकार बढ़ता है
* निंदा न पचने पर, दुश्मनी बढ़ती है
* राज न पचने पर, खतरा बढ़ता है
* दुःख न पचने पर, निराशा बढ़ती है
* सुख न पचने पर, पाप बढ़ता है

बात कड़वी बहुत है, पर सत्य है।

94
स्वस्थ और दीर्घायु जीवन का रहस्य
'शतं जीव शरदो वर्धमानः'

- सुबह सूर्योदय के पहले उठें
- रोज प्रकृति का आनंद लें
- रोजाना सुबह की सैर करें
- रोजाना व्यायाम और सूर्य नमस्कार करें
- रोजाना मेडिटेशन, योगा और ध्यान करें
- स्वस्थ जीवन शैली अपनाएं
- अच्छी आदतें विकसित करें
- आशावादी बनें
- अपने दोस्तों के साथ आनंद लें
- खाना भूख लगने पर ही खाएं
- भोजन ३२ बार चबा-चबा कर खाएं
- संतुलित आहार : आधा खाएं-कम खाएं
- आनंद और प्रसन्ता का अनुभव करें
- शारीरिक और मानसिक रूप से सक्रिय रहें
- जीवन का उद्देश्य खोजें
- जीवन का सपना और जुनून रखें
- शारीरिक और मानसिक संतुलन बनाये रखें

- ईश्वर में अटूट विश्वास
- हँसी (लॉफ्टर) को तीन गुना करें, जहाँ मौका मिले खिलखिलाकर हँसे,
- असीमित प्यार करें।

95
"आपका आहार"

आपका आहार (डाइट)
केवल वह नहीं हैं,
जो आप भोजन करते हैं।
जो भी आप देखते हैं,
सुनते हैं,
पढ़ते हैं,
जिन लोगो के साथ,
आप घूमते हैं,
रहते हैं,
वह सब भी हैं।
आप
भावनात्मक,
आध्यत्मिक और
शारीरिक रूप से,
जो भी पोषण करते हैं,
वह सब आपके शरीर को स्वस्थ रखते हैं।
इसका ध्यान रखें।

प्रत्येक अनुभव, सम्बोधन, सूचना, ज्ञान जिसका आप सामना करते हैं, आपकी मानसिकता और आत्मा पर प्रभाव डालता है। अपने आंतरिक हिस्से की रक्षा करें, और उन चीज़ों से भरें जो प्रेरणा देती हैं, सशक्त बनाती हैं और उत्थान करती हैं।

96
दुनिया के सर्वश्रेष्ठ छः डॉक्टर

सूर्योदय

विश्राम

आहार

व्यायाम

आत्मविश्वास

और सच्चे दोस्त

इन्हें जीवन भर बनाए रखें और स्वस्थ जीवन का आनंद लें।

97
स्वास्थ्य हमेशा दवा से नहीं आता

अधिकांश समय यह

मन की शांति,

हृदय की शांति,

आत्मा की शांति से आता है।

यह हँसी और प्यार से आता है।

98
बुजुर्ग नहीं, भाग्यशाली लोग

उम्र 16 + 44 अनुभव = 60 वर्ष का*
वे भाग्यशाली लोग हैं जो 60 पार कर गये।

"भाग्यशाली व्यक्ति बनने के रहस्य"

चलते रहो।
जब आप चिड़चिड़ा महसूस करें तो गहरी सांस लें।
व्यायाम करें, ताकि शरीर में अकड़न महसूस न हो।
गर्मियों में, एयर-कंडीशनर चालू होने पर, अधिक पानी पिएं।
आप जितना चबाएंगे, आपका शरीर और मस्तिष्क उतना ही ऊर्जावान होगा।
याद्दाश्त उम्र के कारण नहीं, बल्कि लंबे समय तक मस्तिष्क का उपयोग न करने के कारण कम होती है।
ज्यादा दवाइयां लेने की जरूरत नहीं है।
रक्तचाप और रक्त शर्करा के स्तर को जानबूझ कर कम करने की आवश्यकता नहीं है।
केवल वही काम करें, जिससे आप प्यार करते हैं।
चाहे कुछ भी हो जाए, हर समय घर में नहीं रहना चाहिए। रोज घर से बाहर जरूर निकलें और टहलें भी।
जो चाहो खाइए, पर नियन्त्रित रखिये।
हर काम सावधानी से करें।
उन लोगों से वह व्यवहार न करें, जिससे आप भी नापसंद करते हैं।
अपनों का ख्याल रखें।

बीमारी से, अंत तक लड़ने के बजाय इसके साथ जीना बेहतर है।

मुश्किल समय में, आगे बढ़ने से मदद मिलती है।

हर बार, खाना खाने के बाद, थोड़ा सा गुनगुना पानी अवश्य पियें।

रात में, जब भी उठें, पानी अवश्य पियें।

जब नींद नहीं आये, तो जबरदस्ती न करें।

खुशमिजाज चीजें करना, दिमाग को तेज करने वाली सबसे अच्छी गतिविधि है।

अपने लोगों से बातचीत करते रहें।

एक_"पारिवारिक चिकित्सक" को अपने आस-पास जल्दी खोज लें।

धैर्य रखें, लेकिन अत्यधिक नहीं, या हर समय अपने आप को अच्छा बनने के लिए मजबूर न करें।

नया सीखते रहें, वरना बूढ़े कहलाएंगे।

लालची मत बनिए, अब जो कुछ भी आपके पास है, वही अच्छा व काफी है।

जब कभी बिस्तर से उठना हो, तो तुरंत खड़े न हों, 2-3 मिनट रुककर उठें।

जितनी अधिक परेशानी वाली चीजें हैं, उतनी ही दिलचस्प हैं।

स्नान करने के बाद कपड़े पहनते वक्त दीवार आदि का सहारा लें।

वही करें, जो अपने और दूसरों के लिए हितकारी हो।

अपने आज को, इत्मिनान से जिएं।

इच्छा, दीर्घायु का स्रोत है!_

एक आशावादी के रूप में जियें।

प्रसन्नचित्त व्यक्ति, लोकप्रिय होंगे।

जीवन और जीवन के नियम आपके अपने हाथों में हैं।

इस उम्र में सब कुछ शांति से स्वीकार करे!

सभी 60 पार कर चुके मित्रों को समर्पित।

Mrs Sushila Singvi, Deyton, USA

* हँसते रहिये, हँसाते रहिये, तंदरुस्त रहिए *

99
वृद्धावस्था में कैसे रहें?

महत्वपूर्ण सुझाव:

1. स्वतंत्र जीवन: अपने स्थायी स्थान पर रहें ताकि आप आत्मनिर्भर जीवन का आनंद ले सकें। इससे आपको जीवन में स्वतंत्रता का अनुभव होगा।

2. वित्तीय स्वतंत्रता: अपनी आर्थिक संपत्ति और बैंक बैलेंस को अपने नियंत्रण में रखें। यह आपके भावी जीवन के लिए अत्यंत महत्वपूर्ण है।

3. अपेक्षाओं से बचें: बच्चों के इस आश्वासन पर निर्भर न रहें कि वे आपकी वृद्धावस्था में देखभाल करेंगे। समय के साथ उनकी प्राथमिकताएँ बदल सकती हैं, इसलिए आत्मनिर्भर बनें।

4. सकारात्मक मित्र समूह: अपने आस-पास ऐसे लोगों का समूह बनाएं जो आपकी खुशी और सकारात्मक जीवन-शैली की सराहना करें और बढ़ावा दें।

5. तुलना और अपेक्षाएँ: किसी से तुलना न करें और किसी से कोई उम्मीद न रखें। इससे आपकी मानसिक संतुलन और खुशी बरकरार रहेगी।

6. संतानों के जीवन में दखल न दें: बच्चों को उनकी जीवन-शैली और निर्णय लेने में स्वतंत्रता दें, और आप अपने जीवन का आनंद लें।

7. सेवा और सम्मान के लिए आग्रह न करें: वृद्धावस्था को आधार बनाकर किसी से सेवा या सम्मान की अपेक्षा न रखें। अपने कार्यों से सम्मान कमाएं।

8. स्वतंत्र विचार: दूसरों की बातें सुनें, लेकिन अपने विचारों और अनुभव के आधार पर निर्णय लें। यह आपकी स्वायत्तता को बनाए रखने में मदद करेगा।

9. प्रार्थना, भीख नहीं: भगवान से कभी भी कुछ मांगने की भावना से प्रार्थना न करें। अगर कुछ मांगना हो तो केवल क्षमा या हिम्मत की प्रार्थना करें।

10. स्वास्थ्य का ध्यान: नियमित चिकित्सीय परीक्षण कराएं और पौष्टिक आहार लें। अपने स्वास्थ्य का ध्यान रखने के लिए यथासंभव काम स्वयं करें।

11. प्रसन्नता बनाए रखें: कभी भी जीवन से निराश न हों, हमेशा प्रसन्न रहने की कोशिश करें। सकारात्मक दृष्टिकोण जीवन को खुशहाल बनाता है।

12. यात्रा करें: हर साल अपने जीवन-साथी के साथ भ्रमण या तीर्थयात्रा पर जाएं। यह आपके जीवन के नजरिये को बदल सकता है और नई ऊर्जा प्रदान करता है।

13. तनाव मुक्त जीवन: टकराव से बचें और तनाव रहित जीवन जीने की कोशिश करें। शांति और सुकून से बेहतर कुछ नहीं है।

14. स्थायित्व का भ्रम: जीवन में कुछ भी स्थायी नहीं है, न चिंताएँ, न समस्याएँ। इस विश्वास के साथ जीवन को आसान बनाएं।

15. पूर्व नियोजन: रिटायरमेंट से पहले अपनी सामाजिक और पारिवारिक जिम्मेदारियों को पूरा करें। याद रखें, जब तक आप सही मायने में जीवन जीना शुरू नहीं करते, तब तक आप जीवित नहीं होते।

इन सुझावों के साथ जीवन को खुशहाल और आनंदमय बनाने की शुभकामनाएँ!

100
बढ़ती उम्र में इन्हें छोड़ दीजिए

एक-दो बार समझाने से यदि कोई नहीं समझ रहा है तो सामने वाले को समझाना,

छोड़ दीजिए

बच्चे बड़े होने पर वो ख़ुद के निर्णय लेने लगे तो उनके पीछे लगना,

छोड़ दीजिए।

गिने-चुने लोगों से अपने विचार मिलते हैं, यदि एक-दो से नहीं मिलते तो उन्हें,

छोड़ दीजिए।

एक उम्र के बाद कोई आपको न पूछे या कोई पीठ पीछे आपके बारे में गलत कह रहा है तो दिल पर लेना,

छोड़ दीजिए।

आपके हाथ कुछ नहीं, तो फिक्र करना

छोड़ दीजिए।

यदि इच्छा और क्षमता में बहुत फर्क पड़ रहा है तो खुद से अपेक्षा करना,

छोड़ दीजिए।

हर किसी का पद, कद, मत, सब अलग है इसलिए तुलना करना,

छोड़ दीजिए।

बढ़ती उम्र में जीवन का आनंद लीजिए, रोज जमा खर्च की चिंता करना,

छोड़ दीजिए।

उम्मीदें होंगी तो सदमे भी बहुत होंगे, यदि सुकून से रहना है तो उम्मीदें करना,

छोड़ दीजिए।

101
बुढ़ापे के कुछ बड़े अफ़सोस

- काश मैं दूसरों की उम्मीदों के अनुसार जीवन न जी कर, अपना जूनून और इच्छानुसार अपना जीवन जी पाता।
- काश मैं दिल की प्यार की भावनाओं को उसे कह पाता जिससे मैं बेहद प्यार करता था।
- काश मैं मेरे काम और परिवार के बीच संतुलन रख पाता और अधिक से अधिक समय परिवार और बच्चों के साथ बिता पाता।
- काश मैं दोस्तों के साथ समय निकाल कर उनसे खूब बातें कर, मस्ती और आनंद ले पाता।
- काश मैं पूरी दुनिया में घूम कर आनंद ले पाता।
- काश मैं खुद से प्यार कर पाता, खुद के साथ अकेले में वक्त बिता पाता, काश मैं खुद से ख़ुश रह पाता, काश मैं खुद पर यकीं कर पाता।
- काश मैं नौकरी नहीं करके व्यापर शुरू करके धनवान बन पाता।
- काश मैं शेयर बाजार और रियल एस्टेट में जल्दी इन्वेस्ट कर पाता।
- काश मैं शरीर, मन और आत्मा को स्वस्थ्य रख पाता।

अंत में हमें केवल उन अवसरों का पछतावा होता है जो हमने खो दिए।

सारांश

1. **आचार्य चाणक्य का मानना है कि**
"स्वस्थ शरीर, शांत मन, दिल में प्यार और दयालुता, चेहरे पर मुस्कान, आँखों में शर्म, सौम्य और उत्तम व्यवहार और आर्थिक रूप से स्वतंत्र, यदि आपमें सब कुछ है तो आप पहले से ही अपने सांसारिक स्वर्ग में हैं।"

2. **सादगी हमारे व्यक्तित्व का परम परिष्कार है**
हेनरी डेविड थॉरो Henry David Thoreau ने हमें समझाया

   - जीवन को सरल बनायें।
   - उन चीजों के लिए संघर्ष नहीं करें और अपना समय बर्बाद नहीं करें, जो महत्वहीन हैं।
   - अपनी जरूरतों और चाहतों को कम से कम रखें
   - जो आपके पास उपलब्ध है, उसका भरपूर आनंद लें
   - अतीत के बारे चिंतित होकर अपने मन की शांति को नष्ट न करें
   - वर्तमान में सरलतापूर्वक जीयें

3. **भिक्षु श्री आनंद से किसी ने पूछा**
आप इतने प्रसन्न और शान्त कैसे रहते हैं?
उन्होंने मुस्कुराते हुए उत्तर दिया,
जिसने अपने आने वाले कल की चिंता छोड़ दी और जिसने अपने बीते हुए कल का भार खो दिया, वही आनंद में है।

भीतर शान्ति को खोजने, पहचाने के लिए अपने मन के विचारों, भावनाओं के कम्पन्न (vibration) को पहचानो, उन्हें सुनियोजित करो, संतुलित करो और स्थिर हो जाओ, शान्त हो जाओ।

4. "आपका सबसे अच्छा दोस्त कौन है

मैं हमेशा यह सवाल सबसे करता हूं कि **"आपका सबसे अच्छा दोस्त कौन है** जो आप के साथ जन्म से मृत्यु तक रहेगा?"

अधिकांश लोग उसका सही जबाब नहीं दे पाते।

सही जबाब है- "आप स्वयं!"

अरस्तु कहते हैं -

"स्वयं को जानना, सभी ज्ञान की शुरूआत है

स्वयं को जानने की शुरुआत करें, पर सफल कोशिश करें

खुद से सच्चा प्यार ही असली खुशियों की चाबी है

खुद को खुश रखना, आपकी सबसे बड़ी जिम्मेदारी है

खुद पर पूर्ण विश्वास रखें, अपनी आंतरिक ताकत को पहचानें

दुनिया पर विजय पाने के पहले खुद पर विजय पाएं।

5. संतुलित जीवन का मतलब अपने दायित्वों और हितों के बीच संतुलन स्थापित करना। अपने जीवन के सभी क्षेत्रों स्वास्थय, आध्यात्म, वित्त-धन, आजीविका, परिवार, आत्मविश्वास संबंधों और शोक/मनोरंजन, इत्यादि में सामंजस्य बनाये रखना।

अपनी मौलिकता और विशेषताओं को बनाएं एवं अपनी सोच और कार्यों में स्वंतत्रता बनाये रखें।

6. जिंदगी ऐसी जिएं कि कोई अफसोस न हो

Live Your Life Without Regrets.

आप अपना जीवन जुनून (Passion) और इच्छा अनुसार स्वंतत्र रूप से जिएं ताकि आप को बाद में कोई पछतावा न रहे।

7. जिंदगी ऐसे जियो कि आप कल मर जाओगे,
रोज ऐसे सीखो कि आपको हमेशा जिन्दा रहना है -महात्मा गांधी

8. स्टीप जॉब्स

यदि आज अपने जीवन का अन्तिम दिन हो, तो आप आज को कैसे जियेंगे?

मृत्यु कोई जीवन के अंत में घटने वाली घटना नहीं है।

यह पल-पल घट रही है। जीवन का हर क्षण हमें मृत्यु के नजदीक ले जा रहा है।

सोचो कि आप मर चुके हो। अपनी जिंदगी जी ली, अब आपके पास जो भी समय बचा है, उसे तो सही ढंग से अपनी इच्छानुसार जी लो।

9. जिंदगी ऐसे जीओ – बिल गेट्स

खूब हँसो, खूब पार्टी करो, खूब घूमो, खूब मस्ती मारो, खूब प्यार करो, खूब मुस्कुराओ। जिंदगी ऐसे जियो कि आज जिंदगी का आखिरी दिन हो।

10. आप जीना सीख लो

अपने जुनून (passion), इच्छाओं (Desire) और विकल्पों (Choices) के अनुसार जीना शुरू करें। जीवन का भरपूर आनंद लें।

खूब हँसो

दोस्तों के साथ मस्ती करो

परिवार के साथ मधुर संबंध बनाओ
खुद से प्यार करो
मस्ती में रहो और
आलौकिक आनंद की अनुभूति करो

11. अपने दिल और आत्मा को बेचकर, जिंदगी मत जीओ

जो इंसान पसन्द नहीं, उसके साथ मत रहो,
जो काम पसन्द नहीं, वह मत करो
तुम्हारे दिल में जो भाव उठते हों, केवल उन्हें महत्व दो
तुम्हारी खुशी से बढ़कर दुनिया के कोई नियम, कानून, नीतियाँ मायने नहीं रखती।

12. आप रोजाना To-Do-List बनाते हैं, इसके साथ Not-To-Do-List भी बनाएं जिससे आपको अपने कार्यों, आदतों और व्यवहार में सुधार करने में मदद मिलेगी। आप उस चीज पर ध्यान केंन्द्रित करें जो आपके बेहतर सफल और संतुष्ट जीवन जीने में सहायक होगी। हम किसका इंतजार कर रहे हैं, शुरू करें।

13. जीवन एक सुअवसर है, एक चुनौती है, एक अनिश्चितता है, एक परीक्षा, एक संघर्ष है, खुशी और गम का मिश्रण है। अच्छे दिन आपको खुशियाँ देते हैं, बुरे दिन आपको अनुभव देते हैं, सबसे बुरे दिन (Worst days) आपको सबक देते हैं।

14. जीवन में संघर्ष को चुनौती के रूप में स्वीकार करें और समस्या का हल खोजें।

समस्या को स्वीकार करें, बदल दें, या छोड़ दें परन्तु समस्या के साथ कभी न जिएं।

15. **जीवन में जो भी समस्या आती है, वह मात्र 10 % हमारे कारण ही होती है, बाकी 90% हमारी प्रतिक्रिया (Reactions) के कारण होती हैं। -चार्ल्स ओ स्वीडोल**

16. जिंदगी आसान नहीं होती है मेरे दोस्त, उसे आसान बनाना पड़ता है। कुछ समझकर, कुछ समझाकर, कुछ मौन रहकर।

17. अगर हर व्यक्ति खुश है तो अपने जीवन में कई समझौते किये हैं, कई (Sacrifice) किये, दूसरो की गलतियों को नजरअंदाज किया है, कई समझौते किये हैं।

परन्तु **अपने आत्मसम्मान और सिद्धान्तों के साथ कभी समझौता नहीं करें।**

18. **झुकने से यदि आपके व्यक्तिगत रिश्ते सुधर जाते हैं, तो झुक जाओ, लेकिन बार-बार झुकना पड़े तो रुक जाओ।** -संत गोर गोपालदास

19. चिंता एक प्रकार का धीमा जहर (Slow Poison) है, यह जिंदो को बार-बार जलाती हैं।

स्वामी विवेकानन्द जी ने बलपूर्वक विचार करने को कहा है-

"चिंता नहीं, चिन्तन करो, नये विचारों को आयाम दो, चिंता उतनी ही करो, कि हमारा काम हो जाय, ना कि काम तमाम हो जाय।"

20. लोक अपवाद **(लोग क्या कहेंगे)** के डर से अपनी इच्छाओं, जुनून और लक्ष्य को मत त्यागो वर्ना जिंदगी भर पश्चाताप की अग्नि में जलना पड़ेगा। लोगों से डरकर कितने लोगों ने अपने सपनों को खत्म किया है और जिंदगी भर उन्हें पश्चाताप की अग्नि में जलना पड़ा है।

याद रहे जिंदगी हमारी है, लोगों की नहीं। जिस काम को करने में आत्मिक खुशी मिलती है, हमारा मन प्रसन्न होता हैं, हमे संतुष्टि मिलती है, हमें हमारी इच्छानुसार वही काम करना चाहिए।

21. 'जो हो रहा है, होने दो' सिद्धान्त को अपनाएं, कभी किसी पर नियंत्रण करने की कोशिश नहीं करें।

22. ना कहने की कला सीखें

यदि आप अपने जीवन और समय पर बेहतर नियंत्रण चाहते हैं तो राजनायिक (Diplomatic) तरीके से **ना** कहने सीखें।

किसी व्यक्ति को बिना ठेस पहुचाये, शालीनता से ना कहना सीखें,

जीवन में आधी परेशानियों का कारण बहुत जल्दी 'हाँ' कहना और उतनी ही जल्दी 'ना' नहीं कहना है –जोश बिलिंग

23. विश्वास (Trust):

किसी पर एक बार विश्वास उठ गया, तो उसे वापिस पाना बहुत मुश्किल है। जुबान से निकला शब्द वापस लौट कर नहीं आता।

24. FOMO: फियर ऑफ मिसिंग ओकेजन

Fear of missing occasion

जीवन में अच्छा अवसर एक बार ही मिलता है, एक बार खो गया, तो वह वापस कभी नहीं आता।

25.हमारे जीवन में दुख का सबसे बड़ा कारण है- उम्मीद रखना।

Expectation is the root cause of all Heartache. -William Shakespeare

अपने आप से उम्मीद रखो, किसी और से नहीं

26. जरूरत के मुताबिक जिंदगी जिओ,
ख्वाहिशों के मुताबिक नहीं क्योंकि
जरूरत तो फकीरों की भी पूरी होती हैं,
परन्तु ख्वाहिशों बादशाहों की भी अधूरी रह जाती हैं।

27. बुरा वक्त आये तो मन को शान्त रखें, अपनी प्रतिक्रियाओं को नियंत्रण करें, आत्म चिन्तन करें और प्रतिकूल परिस्थिति का कारण ढूंढें। और फिर भी कुछ समझ में नहीं आये तो ईश्वर पर पूर्ण विश्वास कर उसे समर्पित कर दें, समस्या को उनके चरणों में रखकर निश्चिन्त हो जायें।

28. किसी पर **अन्ध विश्वास** कभी नहीं करें।

अवलोकन और विश्लेषण के पश्चात जब आपको कोई बात तर्कसंगत लगती है, अनुकूल व लाभकारी **लगती** है तब उसे न केवल स्वीकारना चाहिए बल्कि दृढ़तापूर्वक उस पर कायम भी रहना चाहिए।

29. केवल सत्य ही वास्तविकता है,

भगवान महावीर ने भी कहा है- "सत्य ही भगवान है।"

30. यदि आपके पास जो कुछ है, उससे **संतुष्ट** हैं और **खुश** हैं तो आप दुनिया में सबसे अमीर हैं।

सुकरात ने सही कहा-

जो अपने प्राप्त वस्तुओं से संतुष्ट नहीं है, वह अपनी चाहत की वस्तुओं को पाकर भी संतुष्ट नहीं हो सकता।

जब आवे संतोष धन, सब धन धूरि समान

31. जाने दो (Let it go)

लोगों को जाने दो

जो लोग आपसे प्यार नहीं करते,

उन्हें जाने दो।

उन्हें मत रोको।

बिना लड़े जाने दो।

कभी स्पष्टीकरण मत पूछो

उनसे कभी सवाल मत करो

यह कभी उम्मीद मत रखो

कि वे आपको समझेंगे।

जीवन में सबसे कठिन निर्णयों में से एक है छोड़ देना, चाहे व अपराध हो, क्रोध हो, प्रेम हो, हानि हो, या विश्वासघात हो। पूरी तरह जाने देने से ही, पूर्ण शान्ति मिलती है।

32. 'अति सर्वत्र वर्जयते'

आपकी आवश्यकता से अधिक कोई भी चीज जहर है, वह भक्ति, आलस्य, भोजन, अंहकार, महत्वकांक्षा, घमंड, भय, क्रोध, या कुछ भी हो सकता है।

33. अनुभव ही मेरे श्रेष्ठ गुरू हैं।

मैं स्वयं ही मेरा गुरू हूँ क्योंकि हर दिन, हर क्षण, मैं अपने अनुभवों से सीखता हूँ।

34. हर दरवाजे पर दस्तक दो

आने वाले प्रत्येक मौके की प्रतीक्षा करो, जो दरवाजे खुले हैं, उसमें चलते रहो। जो मौके मिल रहे हैं, उसे लेते रहो। जो दरवाजे बंद है- वह आपके लिए नहीं बने हैं यानि मौके अभी तक नहीं आये हैं।

बंद दरवाजा जीवन यात्रा का स्वभाविक हिस्सा है, हर बंद दरवाजे के पीछे, नई शुरूआत करने का एक और मौका होता है।

35. अपने **व्यक्तिगत रहस्यों** को कभी किसी को नहीं बतायें। जिस बात को, अपने दुश्मन से छुपा कर रखना चाहते हो, उसे अपने दोस्त को भी नहीं बताएं। अपने राज को राज रहने दो, अपने तक सीमित रखो।

36. कुछ भी असंभव नहीं है

      Nothing is Impossible

जो भी लक्ष्य दिमाग में पैदा होता है और आप उस पर विश्वास रखते हैं, तो प्राप्त कर सकते हैं।

मंजिल उन्हीं को मिलती है, जिनके सपनों में जान होती है, पंख से कुछ नहीं होता, हौसलों से उड़ान होती है।

37. एक लक्ष्य चुनें

उसे अपना जीवन बनाएं, उसके बारे में सोचें, उसके सपने देखें और उसी का साथ जिएं। मस्तिष्क, मांसपेशियाँ, तंत्रिकाओं और अपने शरीर के हर हिस्से को उस विचार से भर दें और बाकी सभी विचारों को अकेला छोड़ दें। यह सफलता का मार्ग है। स्वामी विवेकानंद

38. आपका सबसे बड़ा दुश्मन तो सिर्फ 'आप' हैं

आपने ही खुद का रास्ता रोके रखा हैं

आप विचार करें कि ऐसी कौन सी चीज है, जो आप को सफल होने से रोक रही है, आपको आलस्य (Comfort Zone) से बाहर नहीं आने दे रही। अपनी सीमाओं के अंदर बाँध रही हैं| आप के अन्दर एक अद्भुत शक्ति है, उसे जानना और मजबूत बनाना है।

39. सही समय का इंतजार मत करो, सही समय कभी नहीं आता। जहां हो वहीं ये शुरू करो। आप के पास जो भी उपकरण (टूल्स) हैं, जो भी जानकारी है, जो भी विचार है, उस पर काम शुरू करो। जैसे-जैसे आप बढ़ते जाएंगे, आपको नये-नये तरीके मिलते जायेंगे...

बस शुरू करो, आज और अभी से शुरू करो।

40. कल जो भी कार्य किया, आज उससे बेहतर करना है। **प्रतिदिन छोटे निरंतर सुधार करें, यह संकल्प लेना है।**

41. कहाँ नहीं बोलना है,
कहाँ कम देखना है,
कहाँ कम सुनना है,
यह सीख लो जीवन में कभी भी उलझेंगे नहीं।

42. "आपका आहार"

जो भी आप भोजन करते हैं, जो भी आप देखते हैं, सुनते हैं, पढ़ते हैं, जो भी विश्वास रखते हैं, जो लक्ष्य निर्धारित करते हैं, जो भी नजरिया रखते हैं, जो भी सोच रखते हैं, जो भी अनुभव करते हैं, कल्पना करते हैं, जो भी बोलते हैं, सुनते हैं और समझते हैं , जिन लोगो के साथ समय बिताते हैं, वह सब भी है। आप भावनात्मक, आध्यात्मिक और शारीरिक रूप से जो भी पोषण करते हैं, वह सब आप के शरीर को स्वस्थ रखते हैं, इसका ध्यान रखें।

43. तू सबका होगा.... तेरा कोई नहीं होगा,
तू सबको समझेगा, तुझे कोई नहीं,
तू सबके लिए जियेगा, तेरे लिए कोई नहीं
यही जिन्दगी की सच्चाई है।

44. मन एक बगीचा है, आप उसमें जो भी बोयेंगे, वही प्राप्त होगा। अगर हम सुगन्धित फूल के बीज बोयेंगे तो हमें मन लुभावने सुगन्धित फूलों की महक मिलेगी। अगर हम कुछ भी नहीं बोयेंगे तो हमारे मन रूपी बगीचे में घास-फूस उगेगी।

आपके मन को सकारात्मक विचारों से भरते रहो, नकारात्मक अपने आप बाहर चली जायेगी।

45. अधिकांश **डर** काल्पनिक है, भावनात्मक है, सच्चाई से बहुत दूर है।

हमारे सामने केवल दो विकल्प हैं-

पहला, काल्पनिक भय से ग्रस्त होकर जीवन को दुष्कर बना लें। दूसरा, मन से काल्पनिक भय को प्रयास कर दूर कर दें और साहस के साथ प्रत्येक परिस्थिति का हिम्मत के साथ सामना करें, निर्णय सिर्फ आपका अपना है।

गोस्वामी तुलसीदास जी ने सही कहा है-

"तुलसी भरोसे राम के, निर्भय होकर सोय,
अनहोनी होनी नहीं, होनी होय सो होय"

किसी ने सही कहा है

"क्यूं डरें कि जिन्दगी में क्या होगा,
कुछ नहीं होगा तो तजुर्बा होगा।"

46. मन ही मन को जानता, मन ही मन का प्रीत,
मन ही मनमानी करे, मन ही मन का मीत,
मन झूमे मन बावरा, मन की उद्दत रीत
मन के हारे हार है, मन के जीते जीत।

47. आत्म दीपः भव – Be Your Light

अपने अंतरमन में झांकों, और चिन्तन-मनन कर, स्वयं से पूछें, स्वयं को पहचानें, सही आकलन करें परन्तु कैसे

एकान्त में स्वयं से वार्तालाप करें

स्वयं से मुलाकात करें

स्वयं का लक्ष्य निर्धारित करें

स्वयं की छवि (image) को सशक्त बनाएं

स्वयं के जुनून (Passion) और इच्छाओं (desires) को जानें, स्वयं के जीवन के उद्देश्य (purpose) को पहचानें।

अपना सर्वश्रेष्ठ दें, जीवन को सार्थक बनाएं अपने आपको पहचानना, अपने भीतर को समझना ही, असली सफलता की और पहला कदम है।

48. अपने अवचेतन मन में आत्म जागरुकता (Self-Awareness) विकसित करो, स्वयं पर ध्यान केन्द्रित करो, स्वयं को पहचानो। जैसे-जैसे आपकी समझ गहरी होती जायेगी आप अन्दर से खुश और शान्त महसूस करेंगे।

49. मौन रहना एक साधना है।

जब भी बोलने की आवश्यकता समझें, प्रत्येक शब्द तथा वाक्य को सोच-समझ कर, विवेकपूर्ण विचार करने के बाद ही बोलें। किन परिस्थितियों में मौन रहना है- यह समझना अत्यंत आवश्यक है

50. मैं हमेशा कठिन रास्ता चुनता हूँ

जब भी मेरे सामने दो रास्ते आते हैं- एक सरल और दूसरा कठिन तो मैं हमेशा कठिन रास्ता चुनता हूँ क्योंकि ये मुझे चुनौतियों का सामना करना सीखाते हैं,

    मुझे साहसी बनाते हैं,

    मुझे नये-नये अनुभव सीखाते हैं

    मुझे मानसिक रूप से मजबूत बनाते हैं

    मुझे आत्मविश्वासी बनाते हैं

    मुझे आत्म-संयम सिखाते हैं

    ताकि मैं मजबूत, आत्मविश्वास से परिपूर्ण इंसान बन सकूँ।

51. मेरा जीवन मेरी सम्पूर्ण जिम्मेदारी है।

52. ईश्वर से मित्रता, हमारे जीवन का अनमोल उपहार है

    मुझे ईश्वर में सम्पूर्ण आस्था और विश्वास है

    सुप्रसिद्ध दार्शनिक रूमी कहते हैं

मैंने ईश्वर को खोजा, और खुद को पाया,

मैने स्वयं को खोजा, और केवल ईश्वर को पाया।

53. आज के कलयुग में हमारे लिए **ईश्वर अपनी स्वार्थ-सिद्धि** का साधन मात्र है। हमारी ईश्वर के प्रति कोई आस्था नहीं है, कोई समर्पण भाव नहीं है, उस पर भरोसा ही नहीं है।

भगवान भी यह बात अच्छी तरह से समझते हैं

इसलिए भगवान कहते हैं

"तू वही कहता है, जो तू चाहता है,
होता वह है, जो मैं चाहता हूं
तू वह कर जो मैं चाहता हूँ
फिर वही होगा, जो तू चाहता है"।

54. ईश्वरीय समय (Divine Timing)

जीवन की हर घटना, एक निश्चित समय के अनुसार ही घटित होती है, जिसे हम कितनी भी कोशिश करें, नहीं बदल सकते, न ही उसकी गति को संचालित कर सकते हैं- हमारा कोई नियन्त्रण नहीं है। ईश्वरीय समय (Divine Timing) श्रेष्ठ है सब कुछ सही समय पर अवश्य होगा।

55. स्वामी विवेकानंद ने सही कहा है-

"यदि आप धार्मिक होना चाहते हैं, तो किसी भी संगठित धर्म के द्वार में प्रवेश न करे। वे अच्छाई की तुलना में सैकड़ों गुना अधिक बुराई करते हैं और प्रत्येक व्यक्ति के व्यक्तिगत विकास में बाधा डालते हैं।

56. मैं केवल एक ही धर्म मानता हूँ, पालन करता हूँ, वह है मानवता का धर्म वही सर्वोत्तम धर्म है।

57. हृदय से आभार प्रकट करें।

प्रतिदिन सुबह, सर्वशक्तिमान ईश्वर का, अपने माता-पिता का, अपने गुरूजनों का, प्रकति (Nature) का और अपने मित्रों का हृदय से आभार प्रकट करें।

58. दांपत्य जीवन के कुल पांच सीढियां हैं-

देखना, **अच्छा लगना**, **चाहना** और **पाना**, यह बहुत सरल सीढ़ियाँ हैं और सबसे कठिन सीढ़ी, जिसका नाम है **निभाना**, वह सबसे महत्वपूर्ण है।

59. किसी को भी अपने जीवन में बने रहने के लिए मजबूर मत करो। अगर वे आप को वास्तव में चाहते हैं तो वे रूकेंगे।

60. शादी को खुशहाल बनाने के पाँच मंत्र - सुधा मूर्ति
1. विवाह में हमेशा संघर्ष रहेगा, स्वीकार करें
2. असहमति के दौरान शांति बनाये रखें
3. हम सब में अपनी ताकत और कमजोरियां हैं दोनों आपस में समझकर एक-दूसरे की कमजोरियों को स्वीकार करें
4. दोनों पक्ष घर की जिम्मेदारियों का साझा करें
5. रिश्तों में अंहकार को कभी भी बीच में न आने दें।

61. आंतरिक शांति का शत्रु (control-Alter-delete)

खुद पर नियंत्रण रखें

अपना दृष्टिकोण बदलें

नकारात्मकता हटाएं।

62. जिंदगी ऐसी जिएं कि अंत भी खूबसूरत हो।

63. **अमीरी मन से होती है, सोच से होती है, पैसे से नहीं।** इस दनिया में सबसे अमीर वो हो जो पैसे के पीछे कभी नही भागे, जो खुद पैसे के लिए काम नहीं करे बल्कि उसका पैसा उसे लिऐ 24 घंटे काम करता है। वे ही पैसे को गुलाम बना सकते हैं। -अमीर पिता, गरीब पिताः रॉबर्ट टी कियोसाकी

64. **वित्तीय स्वतंत्रता**- Financial Freedom

"अपने जुनून, सपनों को आगे बढ़ाने, जीवन को पूरी तरह जीने के लिए समय और संसाधन उपलब्ध कराना।"

पैसा खुशी नहीं खरीद सकता, लेकिन यह स्वतंत्रता, सुरक्षा और अवसर खरीद सकता है।

अगर आप रोजाना की जिंदगी को जीने के लिए काम कर रहे हैं, धन की आवश्यकता है, तो आप आर्थिक रूप से स्वतंत्र नहीं हैं।

65. सबसे बड़ा जोखिम है, जोखिम न लेना - मार्क जुकरबर्ग

जोखिमों से बचना, उन्हें न लेने से अधिक हानिकारक है। असली जिंदगी में हमें आगे बढ़ने के लिए कई जोखिम उठाने पड़ते हैं।

आप क्या खो सकते हैं और क्या हासिल कर सकते हैं, यहाँ गणना (Calculate) कर के जोखिम उठाएं।

66. अंतज्ञान (Intuition) हमारी आत्मा हृदय की आवाज है, जो हम से संवाद करती है। यही आपकी आंतरिक भावना है, उस पर पूर्ण भरोसा करें।

67. परमात्मा कभी हमारे भाग्य नहीं लिखते, जीवन के हर कदम पर हमारी सोच, हमारा व्यवहार, एवं हमारे कर्म ही हमारे भाग्य का निर्माम करते हैं।

68. वाजिद शेख का मानना है

"सबसे ना मिला करो, इस सादगी के साथ, ये दौर अलग है, ये लोग अलग हैं, ये दुनिया वो नहीं है, जो आप देखते हो, अगर आप इस दुनिया में वफा ढूँढते हो तो बड़े नादान हो, जहर की शीशी में दवा (वफा) ढूंढ रहे हो।

69. इंसान के दो ही सच्चे दोस्त हैं-

एक आइना, जो कभी झूठ नहीं बोलता

दूसरी परछाई, जो कभी साथ नहीं छोड़ती।

70. स्वास्थ्य हमेशा दवा से नहीं आता। अधिकांश समय यह मन की शांति, हृदय की शांति, आत्मा की शांति से आता है। यह हँसी और प्यार से आता है।

सविनय अनुरोध

ये सभी "101 अनुभव सूत्र" मेरी जिन्दगी के श्रेष्ठ अनुभव हैं। मैंने मेरी जिन्दगी से बहुत कुछ सीखा है और अनुभव किया है। आज के आधुनिक युग में जिंदगी को बेहतर बनाने के लिए इन सूत्रों को समझना होगा, आदत बनाकर, अपनी दैनिक जीवन शैली में अपनाना होगा, उसी के साथ जीना होगा।

मेरा पूर्ण विश्वास है कि इस कलयुग में युवा से बुजुर्ग वर्ग के लिए, उद्देश्यपूर्ण, सफल, जीवन जीने के लिए ये "101 अनुभव सूत्र" उपयोगी साबित होंगे।

सुधिजनों, पाठकों की सकारात्मक टिप्पणियों, सुझावों की मुझे प्रतीक्षा रहेगी।

आपका अपना
डॉ. कपूर चौधरी
एक विचारक

www.ingramcontent.com/pod-product-compliance
Lightning Source LLC
LaVergne TN
LVHW061544070526
838199LV00077B/6895
* 9 7 8 9 3 6 7 8 3 6 9 4 1 *